用孩子的思维

和孩子对话

温全燕 — 著

中国妇女出版社

图书在版编目（CIP）数据

用孩子的思维和孩子对话 / 温全燕著. -- 北京 ：
中国妇女出版社，2023.2（2024.5重印）
ISBN 978-7-5127-2201-9

Ⅰ.①用…　Ⅱ.①温…　Ⅲ.①家庭教育　Ⅳ.①G78

中国版本图书馆CIP数据核字（2022）第199463号

责任编辑：李一之
装帧设计：东合社·安宁
责任印制：李志国

出版发行：中国妇女出版社
地　　址：北京市东城区史家胡同甲24号　　邮政编码：100010
电　　话：（010）65133160（发行部）　　65133161（邮购）
网　　址：www.womenbooks.cn
邮　　箱：zgfncbs@womenbooks.cn
法律顾问：北京市道可特律师事务所
经　　销：各地新华书店
印　　刷：天津光之彩印刷有限公司

开　　本：145mm×210mm　1/32
印　　张：10
字　　数：240千字
版　　次：2023年2月第1版　　2024年5月第3次印刷
定　　价：62.00元

自序

FOREWORD

我的第一本书《不用催不用吼的时间管理课》于2021年9月首印上市，同年加印3次，也因此入选了《中国出版传媒商报》“2021年第三季度影响力书单”。诚惶诚恐之余，我深刻地意识到，我和伙伴们历时10年在家庭教育一线摸索出的经验方法，不但具有特殊性，更具有一定的普遍性。它一定是契合了万千家庭的需要，才有机会与每一位读者相遇。

原以为要等很久，我才会开始第二本书的写作，直到我遇到了张盼老师。张盼老师是一位资深策划编辑，我们认识时，她正在策划一本亲子沟通方向的书，于是我和她分享了自己对亲子沟通的一些思考和想法。2021年冬日里那个暖暖的午后，我们两个一拍即合，而我也正是从那天起开始着手第二本书的写作。

是什么原因，让我把第二本书的写作计划提前了呢？这要从我所讲授的父母课程说起。父母课程初级班“亲子之道”，包含“有效沟通”和“情绪管理”两大模块。10年来，课程中发生了许许多多父母和孩子沟通的小故事，而我也特别享受记录学员成长的点点滴滴和喜悦。当我将记录的小故事分享给张盼老师，她无比开心地对我说：“是的，是的！温老师，就是这种发生在一线的小故事，这才是父母们真正需要的！”我平日里记录的小故事，恰好是张盼老师在找寻的，也正因如此，才让这本书有机会在2023年和大家见面。

工作中，我每年都会接触大量的父母和孩子，我看到太多的父母被困在“父母一直说，孩子一直不听”的魔咒中。同时，我也看到大量父母带着“孩子是有问题的，我要改变孩子”的心态来到课堂，学习后他们却纷纷感叹：“原来，孩子都是好孩子，是自己沟通能力不足造成了当下的沟通困境。”

既然和孩子的沟通困境源于父母沟通能力的不足，那么提升父母的沟通能力就成了课程的首要任务。起初，我采用心理学焦点解决短期治疗技术，为父母提供沟通的新方法、新技巧。但随着时间的推移，我留意到这类方法和技巧对有的人好用，对有的人不好用；对于同一个人，有时好用，有时又不好用；还有的人起初用得很好，没过多久又被打回原形……

这种状态曾一度困扰我很久。我不断思考，在亲子沟通这件事上，父母到底需要一种什么样的支持？当父母得到怎样的支持时，他才有机会和孩子实现有效沟通？思考中，课程中发生的一个个小故事越来越清晰地浮现在我眼前：

一位爸爸，他从儿子5岁起便对其实行军事化管理。儿子进入初中后，开始拒绝爸爸所有的训练。爸爸恼羞成怒，决定要好好“修理”儿子，让他走“正路”。而他和儿子的关系，也在对儿子的一次次“修理”中变得越来越僵。

在课上的内在探索环节，这位爸爸意外地发现，自己与儿子紧张的亲子关系背后，竟隐藏着自己幼年成长创伤的投射。在自己的原生家庭中，哥哥永远都是父母眼中最闪亮的星，自己却如同角落里那颗灰暗沉闷的石子。哥哥应征入伍后，在部队做出了骄人的成绩，这更让哥哥成为全家的骄傲。每每想到哥哥，这位爸爸就有说不出的委屈和羡慕。他一直渴望成为哥哥，而当自己竭尽全力依然无法做到时，他把全部希望寄托在了儿子身上。

看上去是这位爸爸在和儿子“斗争”，深层原因却是他常年缺少父母的看见和欣赏而造成的不够自信和没有力量。他对儿子近乎苛刻的要求，实际上源于他对自己的不认可、不接纳。在这之前，爸爸却坚定地认为是孩子有问题，是孩子懒或者叛逆，才让自己在管教孩子上如此被动。当他去面对幼年的创伤，并尝试和过往的经历和解时，他看到了真实的自己，更体会到了孩子的处境。当他有足够的能力站在孩子的角度，用孩子的思维去看待他们之间“斗争”的起因，他越来越能理解儿子，和儿子的关系也得到了极大改善。

还有一位妈妈，她因为苦恼女儿动不动就和自己顶嘴，就来参加课程学习。但随着课程的不断深入，她回想起自己7岁时的一个场景：那天，她和小伙伴在外面玩儿，母亲让小她一岁的弟弟喊她回家吃饭。没想到，弟弟不慎跌入池塘，去世了。弟弟离开后，母亲哭喊着，一遍又一遍地指责她。弟弟是因为去找她，才失去了生命，这让她非常恐惧和愧疚。在那一刻，她发誓自己长大后一定要加倍对父母好，要把弟弟没做的事情一并完成。

30多年过去了，这位妈妈忘我地为父母做了很多很多，但父母一直没有开心起来，这让她身心俱疲。加上童年里沉淀下来的那份深深的恐惧和愧疚，让她养成了郁郁寡欢、沉闷无力的性格。女儿恰恰是因为厌烦和嫌弃妈妈整日的压抑和苦闷，才时不时地顶撞妈妈……

在这种状态下，单纯地让妈妈去学习沟通的技巧和方法，就如同隔靴搔痒，无法解决妈妈和女儿的沟通困境。当妈妈通过持续学习走出过往阴影，由内而外地真正快乐起来之后，她看到了自己过去给女儿带来的压力和烦躁。随着她越来越多地用孩子的思维去和孩子对话，被理解的女儿也慢慢放下对妈妈的厌烦和嫌弃，开始愿意和妈妈好好沟通。

当看到父母和孩子沟通困境背后这股看不见的“隐形力量”，我感受到：当一个人无法真正了解自己，就无法真正了解孩子，更谈不上用孩子的思维和孩子对话。而通过内在探索，看见自己，并和过往的自己和解，是我们了解自己的起点，更为我们了解孩子，用孩子的思维和孩子对话提供了可能性。

有了这样的发现后，在原有方法的基础上，我开始将心理学的底层逻辑融入原有的课程体系。在讲授沟通方法和技巧的同时，我开始侧重于引发父母对自己成长轨迹的深度探索。随着课程体系的逐步完善，最终我将“有效沟通”的课程体系搭建为觉察力、接纳力、边界力、倾听力、发问力、表达力“六力”沟通法。通过“六力”，让父母真正做到站在孩子的角度，用孩子的思维和孩子对话，并取得了很好的效果。

在本书的内容设计上，我沿用了在一线经过反复论证而固定下来的“六力”沟通法。在此基础上，我也努力厘清“六力”之间的逻辑关系。通过一个个生活小案例，让大家看到孩子思维活动的同时，也明晰地呈现了“六力”如何像搭积木一般灵活组合，打出漂亮的“组合拳”。当我们不但“知其然”，还能“知其所以然”时，我们甚至可以在使用它们的基础上，创造出属于自己的“独家秘籍”。

那么，在用孩子的思维和孩子对话中，“六力”分别起着怎样的作用呢？

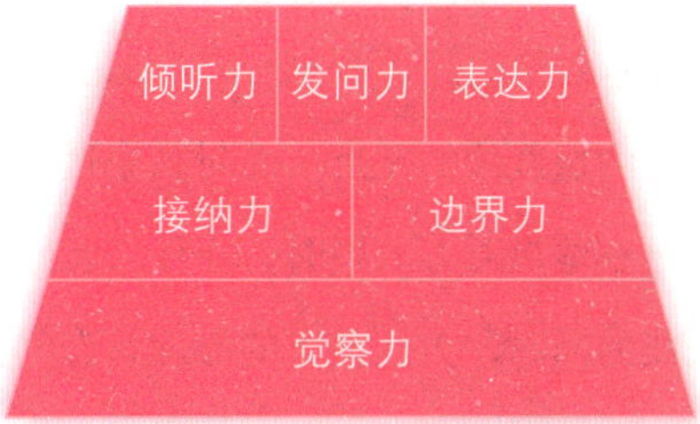

图1 “六力”的构成

觉察力是打破我们和孩子沟通中思维惯性的起点。现实中，我们常常还没来得及看清孩子到底是如何思考的，就已经开始按照自己的思维逻辑和孩子沟通。觉察让我们有机会站在山外看山，让我们有机会看见自己的思维过程，并对自己说："啊哈，亲爱的自己，你又开始用自己的思维在和孩子对话了。"只有时刻保持这种觉察的状态，我们才有机会真正走进孩子的内心世界，看到孩子的思维和逻辑。

接纳力是沟通中情绪平和的保证。接纳到底是怎样的一种状态呢？我们可以一起来感受这样一个画面：大海里一条游来游去的鱼儿生气了，它愤怒又暴躁地在大海中又踢又踹。这时，大海只是平静地、紧紧地拥抱着鱼儿，用所有的温柔告诉它：我在这里，我接受你所有的状态。假如这条鱼儿是在小水盆里发怒呢？小水盆会不会被鱼儿带动得满地乱转，自己顿时也方寸大乱呢？沟通中，面对孩子任何的"恶劣"表现，当我们进入接纳状态，情绪就会变得平和，这份平和会让我们如大海般稳稳地将孩子托住，给予孩子满满的安全感，而这份安全感可以帮助孩子稳定情绪。双方情绪均稳定，才有机会达成有效沟通。

边界力是确定沟通红线的基点。面对孩子这样一个独立的生命体，父母是否可以在尊重对方的同时，守住自己的底线？又是否可以在守住自己底线的同时，关注孩子的心理状态？在和孩子的沟通中，无论是高高在上地把孩子当成自己的私有物品，让孩子感受到压抑和愤怒的父母，还是习惯性地对孩子无微不至，在日复一日中丢掉自我而委屈、苦闷的父母，都是在边界力的把握上出了问题。这几年，"和善而坚定"的家教理念被越来越多的父母所熟知。和善源于父母有接纳的状态，而坚定背后则是父母有边界的姿态。如果说接纳如大海，那边界就是高山。

当我们带着觉察，接纳孩子的真实状态，和善而坚定地坚守着边界，才有可能运用倾听力、发问力和表达力，去进行有效的亲子沟通。在这里，和大家分享一个小故事。

一天早上，一位一年级的小男孩躺在床上滚来滚去，不肯起床。他烦躁地对妈妈说："我不想去上学！"听到儿子这样说，妈妈非常焦虑和紧张。她心想："儿子一直不起床，上学迟到被老师批评可怎么办？孩子这么小就不爱学习，这可如何是好？"

就在这位妈妈绞尽脑汁想劝儿子去上学时，她突然记起课上学到的倾听和发问，于是她快速调整自己的状态，情绪平和地问儿子："宝贝儿，告诉妈妈，是什么原因让你今天不想上学呢？"这时儿子说："妈妈，今天有体育课，我最讨厌体育老师让我们跑圈。"

想象一下，在前一刻，这位妈妈还习惯性地带着自己的经验、思维和判断，把孩子不想上学这件事的后果想象得无比严重，忍不住想去表达、去说服。而当这位妈妈及时觉察，第一时间按下"平和键"，她轻松地避免了一场无效沟通与"斗争"。发问，帮助我们了解事情的真相。而倾听让我们更好地了解孩子内心真实的想法。在发问和倾听的基础上，再去针对性地表达，才能实现有效沟通。

为人父母，我们都期望和孩子保持温馨有爱的亲子关系，拥有健康快乐的沟通状态。我并不期待这本书可以解决父母和孩子沟通中的所有问题，但我知道，看完这本书，当你需要和孩子沟通时，一定会有这样的声音萦绕在你耳边："我"需要觉察，"我"需要接纳，"我"需要有边界，"我"需要倾听，"我"需要发问，"我"需要用更好的方式来表达自己。

"六力"是我们借由探索自己，更好地了解孩子的过程，更是在了解孩子的基础上，用孩子的思维和孩子对话的起点。这一刻，我知道手捧此书的你，已经准备好开启这样一段自我探索、自我蜕变之旅。唯愿天下父母都可以在觉察的基础上，带着接纳和边界，重重地听，缓缓地问，轻轻地说。

温全燕

2022年10月11日

目 录

CONTENTS

Chapter 1 用孩子的思维和孩子对话，用孩子的逻辑解决孩子的问题

作为父母，我们每天都在和孩子沟通，但沟通和有效沟通是两个完全不同的概念。如何用孩子的思维真正实现有效沟通，需要我们用更高维的智慧和更宽广的视角去了解什么是真正的沟通。当我们真正了解了“沟通”，并且通过觉察不断打破旧的无效模式，建立新的有效模式，我们才有机会享受育儿路上的芬芳和喜悦。

Chapter 2 自我觉察——重塑亲子沟通新模式的起点

没有觉察的父母，终其一生都在重复上一代的沟通模式，无形中又把同样的沟通模式传递给下一代。没有觉察的父母，即便手握再精良的沟通工具，也无法真正发挥工具的威力。当一个人成为一个有觉察的家长，他才有机会体会到育儿的真正喜悦，才能借由孩子的到来，开启自己的第二次生命。

Chapter 3 全然接纳——营造温馨的亲子沟通氛围

生命是一场接纳的游戏。我们常说“海纳百川，有容乃大”，接纳是我们和孩子沟通的“定海神针”。接纳，对孩子而言，是一份看见，更是一份允许。这份看见和允许背后给到孩子的安全感和踏实感，会拉近我们和孩子的心理距离。关系近了，沟通才有可能性。

Chapter 4 明晰边界——建立和孩子真正的情感链接

边界力是明晰“我”和“你”之间界限的一种能力。一个没有边界力的人会时不时邀请他人跨入自己的私人领地，又时常把自己的意愿强加于他人，强行跨入他人的领地。没有边界力的父母，对亲子关系是摧毁性的。在这种关系中，只有委屈的父母和压抑的孩子。

Chapter 5 认真倾听——鼓励孩子自信勇敢地表达

在这个世界上最会沟通的人，是闭上嘴巴安静倾听的人。我们用一年学会说话，却要用一生来学会闭上嘴巴。善于闭上嘴巴、安静倾听的父母在用无言的力量和无形的拥抱激励着孩子去表达，这个过程中赢得的孩子的认同与信任，才是让沟通温情且顺畅的关键。

Chapter 6 有效发问——探寻孩子表达中的真相

每个人都活在自己创造的主观世界里，作为成人，我们非常容易陷入说教、评判、指责、命令等表达中。相对这类喋喋不休的表达，发问更容易引发对方的思考，让对方在思考中厘清信息，尽可能多地还原真相。唯有得到的信息越接近真相，我们对孩子的引导才越有意义，也越容易被孩子接受。

Chapter 7 智慧表达——说孩子“爱听”的话

向孩子表达，对父母来说是最简单不过的事情。但如何清晰有效地表达，对大部分父母都是一个极大的挑战。带着觉察、边界和接纳，在倾听和发问的基础上，更多地搜集有效信息，充满智慧地表达，沟通才会事半功倍。

Chapter 1 >>>

用孩子的思维和孩子对话，用孩子的逻辑解决孩子的问题

作为父母，我们每天都在和孩子沟通，但沟通和有效沟通是两个完全不同的概念。如何用孩子的思维真正实现有效沟通，需要我们用更高维的智慧和更宽广的视角去了解什么是真正的沟通。当我们真正了解了“沟通”，并且通过觉察不断打破旧的无效模式，建立新的有效模式，我们才有机会享受育儿路上的芬芳和喜悦。

你总是说，孩子总是不听？测测你的沟通模式是哪种

在这些年做亲子关系辅导的过程中，我经常会听到很多父母的抱怨："温老师，我已经试了很多种沟通方式了，但孩子总是不听！"我当然相信父母真的做了很多努力，但同时我也知道，父母大概率只是用同一种方式重复了许多遍而已。重复旧的沟通方式，只能得到旧的结果。不改变沟通的方式，如何出现新的沟通结果呢？

奇奇是一名小学四年级的学生。在征求他的意见之后，妈妈给他报了钢琴课。刚开始奇奇很有兴趣，但上了几次课之后，他就不愿去了。

又到了这周上钢琴课的时间。前一天晚上吃过晚饭后，奇奇抹着眼泪说自己不想上明天的钢琴课。爸爸听到奇奇哼哼唧唧，十分

烦躁，但他依然耐着性子对奇奇说：“奇奇，不管做什么事都得坚持，坚持才有可能成功，一旦养成随便放弃的习惯，长大后做事情也会半途而废。我和妈妈给你安排的一定是对你有好处的。坚持就是胜利，坚持下去你会感谢我和妈妈的。”

妈妈刚要开口说话，奇奇竟号啕大哭，大喊着：“我不去！我不去！我就是不去！打死我也不去！”看到奇奇这副耍赖的样子，妈妈怒不可遏。她大声说：“这么小就开始反抗，反了你了！自己选的就必须坚持！不听大人的安排，你就给我离开这个家！”

奇奇这次真的跟妈妈较上劲了，他换好衣服，气呼呼地出门了。

起初，妈妈以为奇奇就是出去散散心，在楼下溜达一会儿就会回来。结果到了晚上11点，奇奇还没有回家，妈妈开始坐不住了。这时，爸爸一边抱怨着不该这样逼孩子，一边穿衣服准备下楼找孩子。此刻的奇奇妈妈，又愤怒又担心，她啜泣着和爸爸一起下楼。

经过一个多小时的地毯式搜索，他们终于在小区角落的一条长凳上找到了奇奇。奇奇耷拉着双肩，佝偻着身子，一脸的茫然和失落，脸上挂着明显的泪痕。还没等爸爸妈妈开口，他几乎是一字一句地说：“妈妈，其实我很害怕离开你和爸爸，怕自己离开你们活不下去。可你们知道吗？我内心真实的想法是一天也不想在这个家里待下去。从小到大，你和爸爸给我安排这个、安排那个，你们有真正关心过我想要什么吗？只要我老老实实去做，没有意见就皆大欢喜。一旦我有不同的想法，你和爸爸要么是自顾自地讲道理，要么就是镇压式地指责我。我天天期待着你们改变，但现在我已经不抱任何希望了。”

说实话，奇奇刚上四年级，他的这种状态确实有些让爸爸妈妈始料未及。他们知道孩子会经历叛逆期，但没想到会开始得这么早。带着疑惑，爸爸妈妈和奇奇来到了我的工作室。那么问题到底出在哪里呢？其实，沟通的方式直接决定了沟通的效果，而每个人的沟通方式受家庭因素的影响又千差万别。但这千差万别的沟通方式也有其内在的规律，美国家庭治疗大师维吉尼亚·萨提亚女士将人的沟通模式归纳为5种类型：指责型、讨好型、超理智型、打岔型、表里一致型。

“这么小就开始反抗，反了你了！自己选的就必须坚持！不听大人的安排，你就给我离开这个家！”从妈妈和奇奇的对话看，妈妈的沟通方式属于典型的指责型。随着咨询的不断进展，奇奇妈妈越来越清晰地看到，在和奇奇的沟通中，自己的武断和控制给奇奇造成了无形的压力。孩子的内心有恐惧，也有不断累积的愤怒。随着奇奇长大，他自身的力量不断强大，再加上内在积压的情绪不断叠加，奇奇开始不自觉地反抗父母。他反抗的方式就是越来越不愿意和父母沟通，甚至听到父母说话就很不耐烦。是啊，关系一旦被破坏，父母说得再对，孩子也听不进去，沟通怎么会有效果呢？

“奇奇，不管做什么事都得坚持，坚持才有可能成功，一旦养成随便放弃的习惯，长大后做事情也会半途而废。我和妈妈给你安排的一定是对你有好处的。坚持就是胜利，坚持下去你会感谢我和妈妈的。”从奇奇爸爸所说的这段话来看，他的沟通方式是比较典型的超理智型。这类父母的“规范”意识非常强，随时随地在找机会“教育”孩子，生怕错过教育机会。奇奇爸爸了解了自己的沟通模式后，终于领悟到奇奇平时为什么总是说“爸爸，你说的都是你认为对的，那是你以为的！”。让一个鲜活灵动的生命日复一日地去听“对方自以为对”的道理，孩子得需要多少耐心？

通过奇奇不愿意上钢琴课这件事，我们看到了指责型的妈妈和超理智型的爸爸的亲子沟通模式。如果换成讨好型和打岔型的父母，他们会怎么和孩子沟通呢？他们沟通的特点又是什么呢？

讨好型的父母大概率会说：“唉，你不上钢琴课，我很生气。你看这样好不好，只要你坚持上钢琴课，我每周都给你做你爱吃的牛排！”不管你是否意识到，讨好型父母的内心是充满恐惧和压抑的。这类父母表面上尊重孩子，但尊重背后更多的是因为自己内心力量不足而做出的妥协和讨好行为。父母没有原则和底线，极易培养出霸道、任性、胡搅蛮缠的“熊孩子”。试想，内心恐惧、压抑的父母和霸道、任性的“熊孩子”沟通一件事，事情会变成什么样子呢？

打岔型的父母可能会这样说：“我忙了一天，太累了，我已经没有任何力气和你讨论了。来，宝贝儿，告诉我今晚你想吃什么？”这类父母听到孩子的一句话，马上就可以进入自己的世界。

看上去他好像在处理孩子的事情，实际上他是在处理自己纷乱的情绪。打岔型的父母很难坐下来和孩子深度沟通，每次沟通基本上都会无疾而终。

随着咨询的进展，奇奇的爸爸妈妈意识到，只有兼顾“自己”“孩子”和“事情”三者之间的平衡，才能真正做到有效沟通。而指责型、讨好型、超理智型以及打岔型的人有一个共同点，他们无一例外地无法同时关注到“自己”“孩子”和“事情”。他们要么只关注“自己”和“事情”（指责型），要么只关注“孩子”和“事情”（讨好型），要么只关注“事情”（超理智型），要么“自己”“孩子”和“事情”都没有关注（打岔型）。

直到这时，奇奇的爸爸妈妈才清晰地看到他们的沟通模式给奇奇造成的困扰。在长期“失衡”的沟通模式下，奇奇不会表达，但他的内心很压抑、很烦躁。爸爸妈妈也非常庆幸，奇奇能用这样的方式表达出来，让他们及时看清了孩子的情绪状态，有机会调整自己，避免更严重的冲突。奇奇的妈妈也不禁感叹道：“原来，做父母光有爱还不够，更要有爱的能力。”既可以把事情很好地解决，又可以让孩子和父母保持亲密关系、愉悦状态的沟通方式是什么呢？是表里一致型的沟通。要做到表里一致，父母在沟通中最需要注意的两点是：一、站在孩子的角度理解孩子，并说出孩子的感受。二、说出自己对这件事情的看法和感受。允许孩子在这件事中有部分自主权，同时也告诉孩子自己的底线在哪里。

在了解了表里一致型的沟通模式后，妈妈试着和奇奇做了如下沟通："我看到你不愿意上钢琴课，心里很着急，担心你养成随便放弃的坏习惯。我也知道每天练琴1小时，是一件需要毅力的事。钢琴课是你选择要上的，我们现在可以讨论一下你不愿意上课的原因，爸爸妈妈和你一起来解决这个挑战。如果你对弹钢琴没兴趣了，我和爸爸也同意结束这个课程，但同时我们也要商量出你接下来要学习哪种乐器。做出选择后，你同样需要付出努力和坚持。"

在上述这段话中，奇奇妈妈说出了自己的担心，明确了自己的原则，同时也给了奇奇选择的空间。奇奇在经过思考分析后，发现自己还是喜欢弹钢琴的，有抵触情绪是因为练琴时间太长，而每次想和妈妈沟通时，他都不知道怎么表达，干脆就直接说不想上课了。妈妈知道奇奇的想法后，同意把练琴时间缩短到30分钟，半年后增加到40分钟，一年后再增加到50分钟。奇奇惊讶于妈妈的变化，感受到了妈妈对自己的爱，也意识到原来遇到问题是可以和妈妈好好沟通的。

我们每个人都带着自己从小到大形成的模式在和孩子互动，未经刻意训练，人群中只有约4.5%的人会使用表里一致型沟通。表里一致型沟通让我们看到有效沟通的可能性，让我们有机会真正走进孩子内心，倾听他们真正想说的话。

下一次，当我们和孩子沟通不畅时，不妨先停下来问问自己：此刻，我在用哪种沟通模式和孩子沟通？我的沟通模式是否有效？

表1 5种不同沟通模式及其特点

序号	沟通模式	人群比例	性格特点	身体姿态	语言结构	情感状态	行为表现	内心声音	关注要素
1	指责型	30%	试图表明不是自己的过错来让自己远离压力的威胁	攻击的	“都是你的错” “你到底在搞什么” “你从来都没做对过” “要是你……那就……” “我完全没有错”	指责的、高傲的	经常指责周围的人，对周围的人是不满的、独裁的、批评的、吹毛求疵的	“我不被爱，更没有人理解我” “我很孤单、很失败”	关注自我、情景，不关注他人
2	讨好型	50%	试图通过承担过错来让自己远离压力的威胁	软弱的	“都是我的错” “我不值得” “你喜欢怎样就怎样” “没事没事”	乞求的、恳求的	过分和善 经常性道歉 请求宽恕和谅解 哀求与乞怜 习惯性妥协和让步	“我一无是处” “我觉得自己毫无价值”	关注他人、情景，不关注自我
3	超理智型	15%	回避因压力所产生的困扰和痛苦，逃避感受	僵硬的	“人需要冷静” “人一定要讲逻辑” “一切都应该是有科学依据的”	顽固的、疏离的	喜欢使用冗长的解释、复杂的术语，避开个人的或情绪上的话题，很少涉及与人有关的感受	“我感到空虚与隔绝” “我不能表露出任何感觉”	关注情景，不关注自我、他人

续表

序号	沟通模式	人群比例	性格特点	身体姿态	语言结构	情感状态	行为表现	内心声音	关注要素
4	打岔型	0.5%	通过分散注意力来逃避压力和痛苦	多动的	“哦，对了，上次你说的……” “快点，人家都去了，咱们也赶紧去看看热闹”	波动的、混乱的	忙碌，多动，喜欢以讲笑话等方式打断话题，常词不达意，不愿意真正面对，说话随心所欲、漫无主题、抓不住重点	“没有人真正在意这件事” “在这里根本没有我说话的地方”	不关注自我、他人、情景
5	表里一致型	4.5%	以责任者的心态正视自己处于压力之中，承担起自己在压力中的责任，并能为应对压力而做出努力	尊重的	“我们还可以这样来思考……” “来，试着说说你的想法”	稳定的、自信的	接纳压力和困难，能顾全大局，可以表达自己的期待、愿望、喜好，是开放且愿意聆听别人的	“我很重要” “我有能力处理好这件事情” “我有责任做些什么” “对方需要我做些事” “所有我做的，都是我愿意做的”	关注自我、他人、情景

小练习

1.本章中提到的5种沟通模式，你觉得自己倾向于哪一种？你的爱人和孩子又属于哪一种？当然，每个人在不同场景面对不同的人会呈现出不同的沟通模式，但每个人都有一个主模式，选出主模式填写在下面的横线上。

自己：________ 爱人：________ 孩子：________

①指责型 ②讨好型 ③超理智型 ④打岔型 ⑤表里一致型

2.回想一下，你所选的第1题中的沟通模式的形成，受父母中谁的影响比较大？具体受到了何种影响？试着举例说明。

____

____

____

3.以往和孩子沟通不畅，和自己的沟通模式有多大关系？找到现在需要和孩子沟通的一件事，试着用表里一致的方式和孩子沟通。你会和孩子怎么说？试着写在下面的横线上。

____

____

____

是什么注定了父母和孩子一开口沟通就会失败

我们都比较容易理解，沟通双方的情绪状态直接决定了沟通的效果。在每次和孩子沟通前，或许你也一次次地提醒自己，保持冷静，深呼吸，放轻松。但很多时候，你发现这些提醒根本没用。情绪突然而至，像一匹脱缰的野马，横冲直撞，怎么也拉不住。

在和孩子沟通时，我们要管理好情绪，首先要清楚地知道我们的情绪从哪里来。有的父母可能会纳闷：我的情绪肯定来自孩子啊！是孩子让我生气，让我上火啊！真的是这样吗？

新新今年5岁，他有一个8岁的姐姐。新新出生后，他们一家四口和爷爷奶奶住在一起。爷爷奶奶宠爱孙子，再加上新新年龄小，每当新新和姐姐发生矛盾时，爷爷奶奶总会批评姐姐不懂事，让姐姐让着弟弟。

每次听到爷爷奶奶这样教育姐姐，新新妈妈就抑制不住自己的愤怒，认为老人偏心，觉得姐姐受了委屈。这时，妈妈就会很严厉地对新新说："你以后不要招惹姐姐，不然看我怎么收拾你！不要以为爷爷奶奶给你撑腰，你就可以欺负姐姐！"

每次姐弟俩发生矛盾，妈妈都会义正词严地为姐姐主持公道。时间久了，新新看妈妈的眼神里满是害怕。即便如此，也没有阻止新新和姐姐之间的"战争"。看着每次冲突过后委屈的姐姐和害怕的弟弟，妈妈经常偷偷流眼泪。

带着各种不解和对两个孩子深深的歉疚，新新妈妈来到了我的咨询室。在和新新妈妈的前期沟通中，我发现她表述的孩子之间的冲突是多子女家庭中比较常见的情况。不管两个孩子相差几岁，发生冲突和矛盾的情况是十分常见的。不同的是，一般妈妈会让年龄大的孩子让着年龄小的，但新新妈妈一直在强调是弟弟在欺负姐姐。这样一来，要处理好姐姐和弟弟的关系，重点不在于如何和两个孩子沟通，而是要弄清楚妈妈对弟弟的这种情绪到底从哪里来。

实际情况是，当妈妈一看到姐弟俩发生冲突，她会先入为主地认为"弟弟在招惹姐姐"或者"弟弟在欺负姐姐"，妈妈的情绪来源于她内心的这个声音。这个内心声音，我们称之为"信念"。那些可以让我们很好地照顾自己情绪的信念，我们称之为理性信念或者强有力信念。那些让我们无法很好地照顾自己情绪的信念，我们称之为非理性信念或者限制性信念。

美国心理学家埃利斯在他的情绪ABC理论中认为，诱发事件A（Activating Events）只是引发情绪和行为后果C（Consequences）的间接原因，而引起C的直接原因则是我们对诱发事件A的信念B（Beliefs）造成的。

在新新和姐姐的冲突中，ABC分别为：

诱发事件（A）：“姐弟冲突”

信念（B）：“弟弟在招惹姐姐”“弟弟在欺负姐姐”

情绪和行为后果（C）：“妈妈带着愤怒批评弟弟，带着歉疚安慰姐姐”

看上去是A引发了C，事实上是A通过B这个桥梁，进而引发了C。如果换作另一个妈妈，她认为“两个孩子在一起玩，发生矛盾很正常”，那么她对姐姐和弟弟的态度会完全不同。

新新妈妈之所以深陷在与两个孩子的沟通困境里，恰恰是因为她有“弟弟在招惹姐姐”“弟弟在欺负姐姐”这类限制性信念。这类限制性信念让她在开口沟通前就带着极大的情绪。比如面对弟弟，妈妈很愤怒，那么她就会愤怒地表达。一旦情绪是愤怒的，具体的话语就失去了意义，孩子根本听不到她说了什么，只看到了她凶恶的样子，感受到的是害怕。而面对姐姐时，妈妈觉得姐姐很无辜，总是被弟弟欺负，于是她就会渲染自己对姐姐的心疼和袒护情绪。她越是袒护姐姐，弟弟越没有安全感，对姐姐的敌意就更大，于是各种找碴儿让姐姐不舒服。这样一来，所有人的情绪状态都处在恶性循环中。

因此，要解决姐弟俩的冲突，帮助妈妈修改她的限制性信念就变得尤为重要。那这个限制性信念是怎么来的呢？为什么妈妈会认为“弟弟招惹姐姐”“弟弟欺负姐姐”呢？这一定和妈妈过往的经历有关，我决定从梳理妈妈和她身边重要人物的关系开始。在给新新妈妈做静心练习的过程中，我发现了一个比较关键的人物——她的婆婆。

她的公公婆婆有很严重的重男轻女思想。新新妈妈回忆说，在新新的姐姐出生时，奶奶得知生的是女孩后，自顾自地睡了一整天，第二天就收拾东西回了老家。生产后的那段时间，都是新新爸爸在照顾自己。晚上，新新爸爸准备好所有的食材。第二天一早，给新新妈妈准备好早餐和午餐，然后去上班。晚上下班回来后，他再准备一家人的晚餐，还包揽了所有的家务。疲惫和压力，让两个人的状态压抑到了极点，新新妈妈坐月子时夫妻俩几乎天天吵架。委屈、郁闷、愤怒、失望甚至绝望，让她至今回忆起来都感到一种切肤之痛。随着二孩政策的放开，新新出生了，爷爷奶奶欢天喜地来帮忙照顾孙子。随着老人态度的改变和住在一起后感情的升温，新新妈妈对两位老人的愤怒逐渐退去。但当新新3岁之后，姐弟之间的吵闹、冲突不断。奶奶又总是让姐姐让着弟弟，这无疑激起了妈妈在姐姐出生时积压下来的对奶奶的复杂情绪。看上去她在为姐姐鸣不平，但这份鸣不平的愤怒中藏着自己当年生姐姐时，无人照顾的心酸、苦楚和委屈。

这些沉睡在新新妈妈潜意识里的看不见的“情绪”，让姐弟间的每一次冲突都变成了一场没有硝烟的战争。妈妈化身为主持正义的天使，为姐姐鸣不平，这时她的情绪已经不是因两个孩子之间的矛盾而产生的情绪，也不是因奶奶护着新新而产生的情绪，而是坐月子期间对奶奶积压下来的情绪。当妈妈带着极其激烈的情绪和姐姐沟通，会让姐姐觉得自己真的很委屈。更重要的是，妈妈的过激反应让新新感到恐惧和无所适从。在他的认知里，只不过是和姐姐发生了一点小摩擦，妈妈居然这么愤怒，可是每一次都是自己的错吗？尽管弟弟不会表达，但妈妈给新新传递的感觉是：妈妈不爱我，妈妈更爱姐姐。当孩子有这样的内心活动时，他在妈妈面前就会变得小心翼翼，做出一些讨好行为。

意识到这一点，新新妈妈幡然醒悟。新新是无辜的，明明是她自己被困在过往那段情绪的泥潭中，却让年幼的新新承受着这一切。回想起生活中新新那些不符合他年龄的讨好动作和受伤眼神，她忍不住地哽咽。

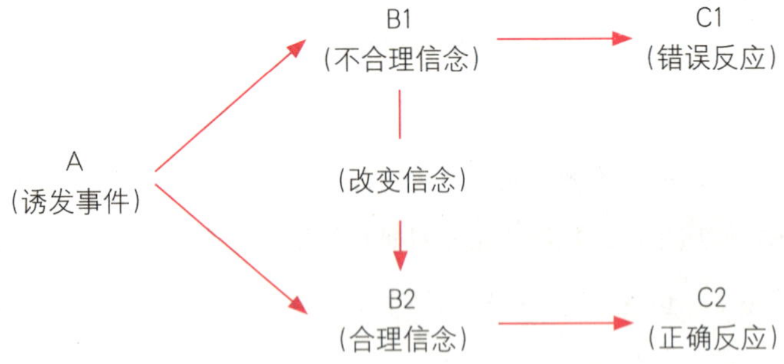

图2　ABC理论框架

随着引导的深入，新新妈妈又有了新的领悟。爷爷奶奶身上表现出的重男轻女的举动，带有他们那个年代的特征。她很难改变老人心中根深蒂固的想法，但她可以改变自己面对姐弟冲突的信念，照顾好自己的情绪，让自己在冲突发生时可以更好地支持孩子。新新妈妈不断地告诉自己“孩子之间发生摩擦是正常的”“弟弟和姐姐是彼此相爱的”“弟弟和姐姐能很好地处理他们之间的冲突”。随着信念的转变，当姐弟俩发生冲突时，她慢慢地可以停下来，平和地看着两个孩子，甚至还可以让姐弟俩都说说自己的委屈和气愤。

新新妈妈惊讶地发现，当她将限制性信念放下，只是平静地看着姐弟俩，允许冲突发生，允许他们自由表达，姐姐竟然没有之前那种偌大的委屈情绪了，弟弟脸上也不再有畏惧和受伤的表情。冲突发生时，经常是上一分钟还在相互指责的姐弟俩，下一分钟又喜笑颜开地追逐嬉闹。

很多时候，我们和孩子的沟通之所以无效，是我们在开口说话之前，已经有了非常强烈的负面情绪，这些负面情绪产生于沉睡在潜意识中的“看不见”的信念。而让这些“看不见”的信念浮出水面，看见它、替换它，我们才有机会看见孩子真正的需求，才有机会真正站在孩子的角度看到问题的全貌。此时，才是良好沟通的开始。

那些沉睡在我们潜意识中的看不见的“信念”到底有哪些呢？我们可以试着感受一下下面的话。

孩子要听父母的话！

老大就得让着老二！

孩子不能说谎！

女孩子应该文静、优雅！

孩子应该对所有人友善！

回家后的第一件事就是写作业！

……

你会发现，当我们坚信“孩子要听父母的话”这一想法，一旦孩子不听我们的，我们瞬间就会火冒三丈；当我们坚信“老大就得让着老二”，当老大没有让着老二时，我们就会对老大表现出愤怒、失望；当我们坚信“孩子不能说谎”，孩子一旦撒谎，我们就会怒不可遏……一旦我们有太多这样的限制性信念，面对孩子时我们尚未开口，就已经深陷一种强烈的负面情绪中。在这种情绪状态下，无论我们采用何种沟通方式和技巧，都无法从根本上解决问题。

我们每有一个限制性信念，就相当于给自己设置了一个“爆炸点”。限制性信念越多，“爆炸点”就越多。但限制性信念非常隐蔽，它隐藏在潜意识中，经常是意识尚未觉察到限制性信念的存在，它已经诱发了负面情绪。只有当我们带着觉察的状态沉下来、静下来看向自己，我们才有可能看到头脑中的限制性信念，也才有机会去替换它。而只有将限制性信念替换为强有力信念，我们才会有平和的情绪，也才能在平和中实现与孩子的良好沟通。

小练习

1.回想最近和孩子沟通不畅的一件事。在沟通中，你坚持的一个最重要的观点是什么？这个观点极有可能就是你的限制性信念。试着将你坚持的观点写在下面的横线上。

2.当你坚持这个观点时，你的情绪状态是怎样的？在这种情绪状态下，你和孩子沟通时会怎样表达？你觉得这样的沟通是否有效？

3.试着放下你的观点，换一个角度去思考：你允许孩子不按照你的观点去做的理由是什么？列举3条并写在下面的横线上。

孩子是真的不听话吗？其实是你冤枉了孩子

全球知名说服术与影响力研究权威罗伯特·西奥迪尼在他的《影响力》一书中提到：我们越是喜欢一个人，受这个人的影响越大。作为父母，不管你是否意识到，我们都希望在沟通中对孩子施加影响力，让孩子听我们的话。但我们却忽略了一个很重要的事实：从沟通中的“身份定位”开始，我们已经很难让孩子喜欢上我们，更别说让孩子“听”我们的话。

小雅今年上六年级。最近，她的班上出现了“物物交换”潮流，参与人每天可以带一个闲置物品和同学交换。小雅每晚整理物品时，都会兴奋地和妈妈说：“妈妈，你永远不知道明天会换来什么！”这场“物物交换”就像拆盲盒一样，让小雅期待不已。看着孩子一脸的兴奋和激动，小雅妈妈非常支持她参加这个活动。

这天放学回来后，小雅高举着一个藕粉色的芭比娃娃，她兴奋地冲到妈妈眼前，神采飞扬地说：“妈妈，快看我换来的芭比娃娃！今天实在太幸运啦！”见小雅如此兴奋，再看看她手中几乎全新的芭比娃娃，妈妈脱口而出的第一句话是“用什么换的？”，小雅一脸骄傲地回答：“就是上次你在超市给我买的那支自动铅笔，舅舅最近又送了我两支新的，原来那支的图案都不流行了！”

听到这里，小雅妈妈认为有必要干预一下这件事，于是她拉着小雅进行了下面的对话。

妈妈：“用一支自己并不喜欢的自动铅笔换别人一个几乎全新的芭比娃娃？我不管你和谁换的，明天一早就还给人家！”

小雅：“妈妈，我不同意。我和同学都是自愿交换的。我们也约定，一旦交换，不准反悔。你这是干什么啊！我难道要出尔反尔吗？”

妈妈：“这样的交换不公平，你拿一支旧铅笔换别人一个几乎全新的芭比娃娃，人家父母知道了得多生气！小孩子之间换东西可以，但交换的物品价值应该差不多，这样才公平，知道吗？”

小雅：“妈妈，我说了，我们是自愿的！而且我们已经完成交换了！我不还！”

妈妈：“你这孩子，怎么跟你说不明白呢！我是你妈，我再说最后一遍：明天一早带回学校，还给人家！”

小雅：“我不想还！”

从妈妈和小雅的对话中，你发现了什么？

整个沟通中，妈妈一直在强调一句话："明天给对方还回去。"尽管妈妈只字未提"你要听我的"，却无时无刻不在传达着"你要听我的"这个信息。当她对小雅说出"我是你妈"，我们看到的逻辑是"因为我是你妈，所以你要听我的"。这个逻辑听上去似乎有道理，但很多亲子沟通的矛盾，根源恰恰是父母的自我身份定位有问题。

世界上没有完全一样的两片树叶，也没有完全一样的两个人。

对于一件事，每个人都有自己的观点，哪怕一个人的年龄再小，他依然有自己的看法。一旦父母带着"我是你爸爸/妈妈"的信念和孩子对话，我们所说的一切都是为了"说服"。小雅妈妈从一开始就认为："我是你妈，我认为这种交换不合适，你就应该给人家还回去。"而这时的小雅没有选择，乖乖听话就是好孩子，不听话就被认为是顶嘴叛逆。"我是你妈"这种全能自恋的心态和居高临下的姿态，让小雅妈妈根本看不见孩子的愤怒、郁闷、压抑和无助，她只是非常投入地在"说服"小雅。

在这种沟通状态下，即便小雅最终听了妈妈的话，选择了给对方还回去，也无非是孩子在被迫无奈中的"缴械投降"而已。而一旦父母对"我是你爸爸/妈妈"这个特权屡试不爽，就会固化自己的语言和行为习惯，造成他们在生活中不自觉地用这样的心态和姿态与孩子对话。试想，当一个孩子每天生活在这样的家庭氛围中，对自己的人生没有话语权，时时处处都要听父母的，他的人生会走向何处呢？

那天，小雅妈妈听完整个分析后若有所思，却仍旧一副“贼心不死”的样子问：“温老师，以前我用的是同样的方式，怎么以前管用，现在不行了呢？”小雅妈妈的疑问，也是很多父母在孩子进入青春期、出现叛逆之后发出的灵魂拷问。我想说的是，并不是以前孩子想“乖乖听话”，是他不敢不“乖乖听话”。一次次“不敢不”的背后，都有一份情绪高压的累积，或愤怒，或压抑，或失望，或绝望。当情绪累积到一定程度就会爆发出来，这种爆发最直接的表现就是孩子不再“乖乖听话”，开始用自己的方式反抗父母。所有叛逆、不听话的背后，都藏着一份迟迟没有被看到的情绪；所有迟迟没有被看到的情绪背后，都在等待一个迟来的道歉。只有当父母看到孩子不听话背后所传递的信号，我们才有机会真正用孩子的思维和孩子对话。这时，改变才可能真正发生。

我给小雅妈妈讲了我和两个儿子相处的一个小故事。

在两个孩子小的时候，我就告诉他们，他们原本是童话故事中有翅膀的小天使。在没有来到地球前，他们每天都在天上暗中观察并挑选让谁来做自己的妈妈。直到有一天，他们发现了我，坚定地认为我就是他们想要的妈妈。

我经常会对他们表达我的感激，感谢他们愿意选我做他们的妈妈。陶醉时刻，我还会幸福地问：“告诉妈妈，是什么让你们选我做妈妈呢？”孩子会说，你长得漂亮，你很温柔，你说话声音好听，你喜欢笑，等等。

两个孩子逐渐长大，尽管他们早已识破了我的“善意谎言”，但我依然会在一些特别的时刻表达我对他们的感谢，感谢他们选择我，感谢他们来到了我和爸爸的家。

之所以用这样的方式时刻提醒自己心怀感恩，是因为我深深地感受到，和孩子在一起的时间是短暂的。父母这个身份是有保质期的，当我们用这样的眼光去看待孩子成长的整个历程，会发现孩子不过是暂居在父母家中的“客人”。父母对孩子的爱，就是一场得体的退出。从出生到18岁，孩子和父母生活在一起。18岁之后，他们外出求学或外出工作，与父母见面的次数越来越有限。再后来，他们有了自己的小家，有了自己的孩子，和父母见面的次数变得屈指可数。

回到小雅妈妈和小雅的沟通上。假如暂居在自己家的客人，用自己不喜欢的自动铅笔换了一个心仪的芭比娃娃，你会怎么看待这件事呢？如果你认可她的做法，你会不会告诉她：“你不喜欢的东西，同学正好喜欢，你们俩都拿到了自己喜欢的东西，这真是太棒啦！”如果你不认可她的做法，你会不会不失分寸地说：“呀，看你那么高兴，我真是替你开心。不过我有个担心，对方的父母会不会觉得不公平？毕竟这个娃娃的价值和笔的价值有点严重失衡。尽管你们达成了一致意见，但是如果可以，我还是建议你和对方确认一下，看看她的父母是否同意这次交换。”当孩子听到父母用这样的方式和自己沟通，她会产生叛逆心理吗？她会觉得压抑、委屈吗？

身份定位决定了我们和孩子的沟通状态和沟通方式。我们用什么身份和孩子对话，直接决定了我们和孩子之间有怎样的亲子关系，而这份亲子关系又决定了我们是否可以很好地对孩子施加影响力。

我们是父母，但我们不只是父母。我们的身份不是、也不应该是一成不变的，而是如钻石一般，有很多不同的剖面，我们需要根据不同的场景来切换不同的身份定位。这就好比我们开手动挡的汽车，不同路况之下，我们需要恰如其分地切换不同的挡位。在陪伴孩子成长的路上，我们的身份是父母，亦是朋友；是教练，亦是队友；是老师，亦是学生……我们的身份越丰富，我们和孩子的沟通方式越灵活，就越有机会对孩子施加影响力。

论孩子

纪伯伦

你的儿女，其实不是你的儿女。

他们是生命对于自身渴望而诞生的孩子。

他们借助你来到这个世界，却非因你而来。

他们在你身旁，却并不属于你。

你可以给予他们的是你的爱，

却不是你的想法，

因为他们有自己的思想。

你可以庇护的是他们的身体，

却不是他们的灵魂，

因为他们的灵魂属于明天，

属于你做梦也无法达到的明天。

你可以拼尽全力，变得像他们一样，

却不要让他们变得和你一样，

因为生命不会后退，也不在过去停留。

你是弓，儿女是从你那里射出的箭。

弓箭手望着未来之路上的箭靶，

他用尽力气将你拉开，使他的箭射得又快又远。

怀着快乐的心情，在弓箭手的手中弯曲吧，

因为他爱一路飞翔的箭，也爱无比稳定的弓。

小练习

1.只有明确身份定位，我们才有机会和孩子进行良好沟通。

孩子不是某个人的私有物品，他们有自己独立的思考和灵魂。作为父母，我们在尊重孩子的过程中也应该意识到，我们自己作为一个个独立的个体，也有和孩子同等的需求。在下面你认为对的序号上打“√”。

①孩子应该得到别人的尊重，父母也一样。

②孩子应该得到公平对待，父母也一样。

③孩子希望别人对他们和蔼、友善，父母也一样。

④孩子希望做得好的时候有人赞赏，父母也一样。

⑤孩子在做得不好时，应该得到谅解和鼓励，父母也一样。

⑥当孩子感到悲痛、烦恼的时候，希望有人给予支持、安慰，父母也一样。

2.父母不是完美的，他们也只是普通人。在下面你认为对的序号上打“√”。

①在孩子面前，父母无须永远正确、成功、愉快。

②父母不要害怕对孩子承认错误。

③面对孩子，父母无须隐藏内心的情绪。父母也不用担心孩子会因此变得脆弱。

④父母遇事显示出自信、自爱、自尊的状态，孩子看在眼里，也会这样做。

⑤父母面对事情时表现坚定并及时做出决定，孩子也会当机立断。

⑥父母表现出对事情的结果担负责任，孩子也会愿意承担责任。

3.终有一天，你眼前的这个小人儿会离开家，去过自己想过的生活。此刻，我想邀请你找到一个安静的空间，静静地做几次深呼吸，轻轻地闭上眼睛，感受孩子大步向前走，慢慢地消失在你的视线中，并试着去留意孩子此时的状态和心情。看着他渐行渐远的背影，我知道你有很多未说出口的话，试着把你想告诉孩子的话写在下面的横线上，并读给孩子听。

父母缺少能量，在开口和孩子沟通前就已经“输”了

有一次，我带孩子到蹦床广场玩。排队购票时，我留意到队伍里有位爸爸正在和女儿讲道理，女孩看上去10岁左右。大概是女儿想喝可乐，可爸爸觉得她已经很胖了，不想给她买。只见爸爸一脸严肃地给女儿讲着碳酸饮料对身体的危害，还责怪她平时不注重身材管理。那一刻，我担心女孩在众目睽睽下会觉得难为情。女孩看都没看爸爸一眼，她一脸不屑且非常不耐烦地说：“行了行了，别说了。我有钱，一会儿买完票，我自己去买。”爸爸根本不在乎或者说他根本看不到女孩此时处于什么情绪状态，他依旧自顾自地说：“和你说多少遍了，以后不要喝碳酸饮料。看，我给你带了水，白开水是最好的饮料。”看着眼前这位满脸油腻、大腹便便的爸爸，我感受到他的无奈和倔强，明明很无力，却又逞强地非要为自己抗争些什么。陷入抗争中的他是如此无力，这份抗争下的沟通

又是如此卑微。

那一刻，我在想，假如眼前这位爸爸的形象是气宇轩昂、步履矫健、天天健身、有着6块腹肌，大概他女儿的身材会是另外一种状态。更可能发生的场景是，女儿仰着头，拽着爸爸的衣角，撒着娇央求爸爸这周就喝一次可乐，而爸爸笑盈盈且坚定地告诉她：“门儿都没有！”

很多时候，和孩子的沟通，在开口之前我们就已经“输”了。我们输在了不易觉察的“无力”上。是的，无力的父母无法对孩子产生真正的影响力。

橙橙今年6岁，她的爸爸妈妈在小区里开了一家茶叶店。

上小学之后，橙橙要求妈妈每天接她放学。但妈妈需要照顾不满1岁的妹妹，不能按计划去接橙橙时，就让橙橙的爸爸去接她。

但每次爸爸接橙橙放学，她都会跺着脚抱怨为什么不是妈妈来接她。起初几次，爸爸还有耐心，好言相劝，想让橙橙快点高兴起来。但几周之后，情况依然没有改观。这让爸爸非常愤怒和烦躁。

某天，我去他家店里取茶叶，橙橙的爸爸和妈妈正在吵架。这天，爸爸接橙橙放学时，橙橙又在校门口发脾气，一边跺脚，一边抱怨，怒不可遏的爸爸大声呵斥了她。回家后，委屈的橙橙扑到妈妈怀里哭个不停，心疼女儿的妈妈听到女儿对爸爸的控诉，开始指责爸爸不该这样伤害孩子。

一进门，我看到了一脸无奈、面带苦笑的爸爸和义愤填膺、一脸正义为女儿打抱不平的妈妈。见我进门，橙橙妈妈立刻说："温老师，正好您来了，您给评评理。他在校门口当着那么多人的面，大声训斥橙橙，这多打击孩子的自尊心啊！"我还没来得及说话，就听见爸爸用十分低落的声音一字一顿地说："你担心孩子受打击，那你考虑过我的感受吗？我每次高高兴兴地去学校接她，迎接我的都是一张生气、烦躁的脸，我没有自尊心吗？"从橙橙爸爸的语气和神情中，我感受到他长时间隐忍下来的愤怒。

每个孩子都天然地爱着自己的父母，孩子对父母不存在无缘无故的不满或讨厌。看上去是橙橙不愿意让爸爸接自己放学的问题，其实这只是一个表象，背后反映的是橙橙对爸爸的不满或者讨厌等情绪。那么，橙橙对爸爸的负面情绪来自哪里呢？

想到这里，我问橙橙爸爸："橙橙冲你发脾气时，她说话的语气和状态，你觉得像谁？"橙橙爸爸像是被施了魔法一般，声音瞬间提高了八度，说："这个想都不用想，橙橙发脾气的样子像极了她妈妈！"

那一刻，我看到了问题的源头。我试着和橙橙妈妈沟通，而橙橙妈妈几乎是一边哭一边说完了她对爱人的所有不满。在橙橙妈妈的表述中我了解到，橙橙妈妈当初选择和橙橙爸爸在一起，是觉得他长得帅。那时的她，带着橙橙爸爸走亲访友，橙橙爸爸着实给自己赚足了面子。沉浸在爱情喜悦里的她，从未考虑过橙橙爸爸赚钱养家的能力。结婚后，学历不高的橙橙爸爸尝试了很多工作，都不尽如人意。不得已，橙橙妈妈用老家的茶叶资源开了这家小店。起初，两个人经营这个小店，日子还算过得去，但随着两个孩子的先后出生，他们的生活压力逐渐增加。橙橙妈妈也在一天天的焦虑情绪中，对橙橙爸爸越来越没耐心。

她开始对橙橙爸爸各种讽刺、挖苦，而橙橙爸爸一直感觉自己有愧于爱人，他希望用隐忍换取家庭的和平，但这一切都被橙橙看在眼里。每次看到妈妈讽刺、挖苦爸爸，而爸爸默不作声，橙橙就觉得爸爸很懦弱，她内心既期待爸爸反抗妈妈，又怕爸爸发火。她对爸爸有嫌弃，也有心疼；对于妈妈，橙橙其实是有埋怨和愤怒之情的。但出于保护自己的本能，她选择了用讨好甚至自我牺牲的方式去成全妈妈。“妈妈，你不是讨厌爸爸吗？那我也不喜欢他！”带着这样的内心声音，橙橙开始做出各种讨厌爸爸的举动。让人痛心的是，这个过程是潜意识在运作的，橙橙自己甚至都搞不清楚，自己为什么会这样对待爸爸。

至此，橙橙妈妈才意识到，为什么每次丈夫抱怨孩子在校门口冲他发脾气，自己从未想过要批评橙橙。橙橙妈妈对丈夫有诸多的不满和怨言，而橙橙不喜欢爸爸的状态恰好满足了橙橙妈妈嫌弃丈夫的内心需求。试想，假如爸爸接橙橙回家时一路欢声笑语，橙橙妈妈看着一派“父慈子孝”的场景，她会有什么样的感受？“我都快郁闷死了，你竟然活得那么自在？！”橙橙妈妈内心深处的这个声音看上去甚至有些“变态”，却实实在在地存在着，并影响着整个家庭的运行状态。“既然妈妈不喜欢看到爸爸开心的样子，那我也绝对不能做让爸爸开心的事”，此时的橙橙俨然成为爸爸和妈妈之间这场看不见的战争背后的牺牲品。这时的橙橙不但无法靠近爸爸，也很难真正走近妈妈。

每个孩子都天然地爱自己的父母，但橙橙为了迎合妈妈，选择用这样的方式消耗自己的能量，封闭自己的内心，硬是把自己弄成了一个“问题少年”。当橙橙妈妈了解这些后，她不禁倒吸了一口凉气。幸亏橙橙还小，还有机会重塑和爸爸的关系。而她也深刻地意识到，自己和爱人之间的关系才是改变橙橙状态的关键。

当看清问题的本质时，问题就已经解决了一大半。

橙橙妈妈在探索自己的过程中发现，自己对爱人的不接纳，更多源于对自己的不接纳。而如何在接纳自己的基础上，学会欣赏自己、欣赏他人，是她一生的课题。为了孩子的幸福，更为了自己的幸福，她开始调整对丈夫的态度。

这之后，橙橙妈妈欣喜地发现，橙橙不再像以往那样排斥爸爸接她放学，在家时也更愿意让爸爸陪她玩了。看着女儿日渐自信的眼神和橙橙爸爸越来越舒展的表情，橙橙妈妈的心情越来越明快。带着这份好心情，她也越来越多地看到了橙橙爸爸的付出和努力。

在橙橙的家庭中，橙橙妈妈对丈夫的情绪无形中塑造了一个“无力”的爸爸，而一个无力的爸爸很难让孩子真正喜欢，更谈不上对孩子施加影响力。但有些家庭中，父母双方不存在矛盾，依然会出现孩子叛逆，无法和大人良好沟通的状态。这又是什么原因呢?

青青是一名初中生。升入初二后，青青开始和一位同班同学谈恋爱。为了有更多机会和男孩在一起，青青甚至开始学习打篮球。青青每天放学后的第一件事就是和男孩去打篮球，回家后还在社交软件上和男孩互诉衷肠。

班主任看到青青的状态，着实为她着急，三番五次地要求青青父母，必须让青青把注意力放到学习上。青青的爸爸妈妈接完班主任的电话，恨不得将青青暴打一通，但真正坐下来面对青青的时候，他们总是被青青一副随便怎么处置的样子弄得崩溃。说轻了没用，说重了又担心孩子承受不住。青青的爸爸妈妈陷入不知道如何沟通的困境中。

在万般无奈下，青青的爸爸妈妈带着青青一起开始了家庭咨询。我留意到，在短短1小时的咨询中，只要妈妈开口说话，青青就表现出极度的不屑和不耐烦。

在深入沟通过程中我了解到，青青爸爸的工作非常忙碌，并且双方的父母都无法帮忙照顾孩子。自青青出生，照顾青青的担子就落在了妈妈一个人身上。为此，青青妈妈辞掉了原本还不错的工作，本以为孩子上学后就可以回归职场，可没想到青青上小学后，青青妈妈反而比之前更忙了，根本无法正常上班。连青青妈妈自己都没有想到，自己在家一待就是14年。

这些年，青青爸爸一直强调，妈妈只要照顾好孩子就行，其他的事都不用她操心。可内心深处，青青妈妈早已伤痕累累。她感觉自己已经被这个世界遗忘了。一想到大学毕业时意气风发的自己，如今已到了不惑之年，她总是悲从中来，感觉自己还没有好好活过，就已经慢慢老去。每次这种悲凉的感觉袭来，她的心就像被猫抓了一样痛，那种想哭却哭不出来的窒息感，让她无法真正开心起来。青青妈妈没有意识到，虽然一直以来都是自己在照顾青青，但她内心的幽怨让她无法发自内心地去爱青青，似乎青青的到来正是她惨淡人生的开始。

孩子是极其敏感的，他们通过意识来认识这个世界，更通过潜意识来感知这个世界。尽管青青妈妈的内心活动并没有用语言的形式对青青表达过，但她的幽怨和压抑在无形中通过潜意识传递给了青青。青青非但感受不到妈妈对自己的爱，反而能够感受到妈妈对自己强烈的怨。父母对孩子的爱好比河流，父母在上游，孩子在下游。当水的上游是充沛的，那么下游自然是充盈的；如果父母的内心是干涸的，那么孩子的内心也一定是匮乏的。在进入青春期之后，青青之所以沉溺于恋爱，恰恰是因为她对爱和安全感的渴望。一方面，她希望在爱情里找到自己缺失的那份安全感和存在感；另一方面，她也期待在这份甜蜜中暂时逃离妈妈那张令人窒息的脸。

当青青妈妈意识到问题的源头后，她非常懊恼于自己的状态给孩子带来的负面影响，更后悔自己没有提前学习相关的家庭教育知识来更好地解决孩子成长中出现的问题。在不断地学习和意识觉醒之后，她越来越接纳自己在青青成长过程中做得不到位的地方，整个人的状态也由内而外地变得灵动起来。她深深地知道，既然孩子的问题已经形成，那么就需要一段时间慢慢去调整，而这个过程中，她才是一切的源头。是啊，如果路是对的，哪怕走得慢一点，也值得，不是吗？

当就一件事情无法和孩子进行良好沟通时，忽略自身能量状态的提升，一味想通过做孩子的思想工作让孩子做出改变，非但不能从源头上解决问题，反而更容易引发更激烈的亲子冲突。育儿先育己，当我们通过不断修炼，改善了自己的能量状态，这时再去影响孩子，才会水到渠成。

小练习

1.结合你特别希望孩子改正的一个行为分析一下，这个行为的产生和你有关系吗？试着去表述你和这个行为的关系具体是什么，并写在下面的横线上。

2.父母的一个眼神、一个动作就可以让孩子感受到父母之间的关系处于什么状态。试着分析：孩子目前不听你或者爱人的话，和你与爱人相处的方式有没有关系？如果有，你们的关系是如何影响你们对孩子施加影响力的？

3.育儿先育己，假如此刻你愿意通过改变自己来影响孩子，你想从哪里开始改变呢？试着将这个计划记录在下面的横线上。

沟通不是“我说你听”，而是“彼此了解”

回想过往我们非常顺畅地和孩子沟通某件事的场景，你的脑海中浮现出什么样的画面？画面中的你和孩子脸上有着怎样的表情？

沟通是一个双向的过程，是一个“你了解我，我了解你”的过程，是在彼此了解的基础上，消除隔阂，相互理解，并最终达成一致的过程。现实中和孩子的沟通，你看到更多的是“我们说，孩子听”的画面。很多亲子沟通中，父母一开口，孩子就竖起了抵触的大旗。究其原因，就是父母说得多、听得少，偶尔发问，一不小心又变成了质问。

一天晚上睡觉前，我突然接到高中同学的电话，背景音里夹杂着孩子若隐若现的啜泣声。同学在电话里情绪失控，满是无奈地说：“孩子妈妈出差了，这么晚了，这熊孩子各种不配合，大半夜了还在哭，说我不爱他！好说歹说都听不进去，我真是没办法了。”

我这位同学因为骨折，近3个多月时间出门时一直借助双拐。这几天赶上孩子妈妈单位有紧急出差任务，家里就剩下他和上一年级的儿子。

每天他都需要接送孩子，并给孩子准备饭菜。尽管行动不方便，他都想办法一一克服了。这天晚上，儿子洗漱得特别慢，平时5分钟就能搞定，这都15分钟了他还在磨蹭。眼看着已经晚上10点多了，他开始催促孩子：“快点，快点，赶紧睡觉！”

没想到儿子“哇”的一声号啕大哭，边哭边喊：“你一点都不爱我！”他听了后怒不可遏，几乎是吼着说：“我的腿这么不方便，我天天接送你，我不爱你？！每天早晚我拄着双拐给你做饭，我不爱你？！我每天晚上给你辅导作业到10点，我不爱你？！我累了一整天，刚准备躺下休息一会儿，你还说我不爱你，你有没有良心？！”

听完老同学的描述，我问他是否询问过孩子为什么觉得“爸爸不爱自己”。老同学迟疑了一下说：“我光顾着生气了，还没来得及问他。”我建议他先平复一下自己的情绪，然后这样问孩子：“爸爸做什么，你会感觉到爸爸是爱你的？”

不一会儿，我收到了老同学的信息。小家伙告诉他：“我喊你的时候，你不看手机，可以过来关心我，我就能感觉到你爱我。”

原来，儿子在刷牙的时候不小心蹭破了牙龈，他便大声地喊爸爸，边喊边说："疼死我了，疼死我了。"结果爸爸那会儿正在用手机处理工作，根本没有听到儿子的叫喊。当他忙完工作，想起还在洗手间磨蹭的儿子，于是大喊："快点，快点，赶紧睡觉！"

于是就有了儿子后面的"控诉"，对爸爸说："你一点都不爱我！"

有没有发现，听到孩子说"你一点都不爱我"之后，这位爸爸的第一反应就是极力向孩子证明自己是爱他的。他说的都是事实，但他说得越多，孩子就越崩溃。孩子越崩溃，就越无法准确地表达自己。事实上，此刻孩子的内心在发生着什么呢？一方面，妈妈出差了，孩子很想念妈妈；另一方面，当他蹭破了牙龈，试图喊爸爸来照顾自己时，爸爸却没有回应，这无疑更增加了孩子对妈妈的想念。正当他因没人照顾自己感到失落时，耳边又传来了爸爸焦急的催促声。情急之下，他在那一刻的各种复杂情绪汇成了对爸爸的一句"控诉"："你一点都不爱我！"

这是孩子在那个当下最真实的体验，是基于刚刚发生的一切他感受到的一种状态，但爸爸听后却火冒三丈。爸爸的内心活动是怎样的呢？他可能在想："我为你做了那么多，你竟然说我不爱你！"于是他带着恼怒的情绪去解释。事实上，爸爸所做的一切，孩子都知道，但即便爸爸做了那么多，也无法排解孩子当下那份无人回应的沮丧和委屈。

作为父母，我们是否有能力透过孩子的表达，听到他表达背后的情绪？是否可以透过孩子的表达，去理解他并了解发生了什么？这个过程中，表达很重要，倾听孩子内心真实的声音很重要，有效发问更重要。它可以帮助我们还原事实真相，不但让听的人知道对方想表达什么，更可以让说的人厘清自己的思路，知道自己到底想表达什么。可以说，一次好的发问，是厘清说话者思路，并且从根本上解决问题的关键。

臻臻是一名小学六年级的女生。这天，妈妈带她来咨询室做咨询。妈妈告诉我，这段时间以来，臻臻只要一想到自己有一天要离开这个世界，就会紧张、害怕、伤感。

爸爸给臻臻讲了很多道理。比如，每个人都会离开这个世界，生老病死是客观规律；也告诉臻臻不要杞人忧天，事情并没有发生。臻臻自己也很苦恼，越是想放下，就越是感到困扰。这种纠结的状态让她备受折磨，导致现在她每天都一副游离的状态，根本无法安心学习。

听妈妈说完这些，我问了臻臻几个问题。

我："你觉得自己思考这个问题，有什么问题吗？"

臻臻很显然没有思考过这个问题。她顿了一会儿说："我总是想这个问题。爸爸妈妈说我想得太多，我也不想这样，可我无法控制我自己。"

我："所以，我是不是可以理解成思考这件事本身不是问题，但不允许自己想才是问题的症结所在？"

臻臻若有所思地点了点头。

我：“我看到你开始思考人生，一想到自己的离世会觉得害怕。你觉得有没有人想到死亡时不害怕？”

臻臻刚想说没有，又马上改口说有，比如有人会选择轻生。

我：“是的，你会发现有的人选择了轻生。那么这类不害怕死亡的人，你觉得他们是怎样的人呢？”

臻臻思考了一下说，大概是出现了心理问题或者无法应对生活中的难题。

我：“中科院心理研究所发布的2020年版《心理健康蓝皮书》中显示，青少年患抑郁症的检出率为24.6%。而抑郁症患者有一个共性的特点是迷茫无助，缺乏活下去的勇气，严重者甚至会选择轻生。从目前我对你的了解来看，我是否可以理解为你并不在这24.6%中？”

这时，我留意到臻臻抿着嘴，笑着点头。从她脸上的表情可以看出，她正在渐渐放松下来。

我：“臻臻，我给你讲个我自己的故事吧。2005年，我那会儿读大学三年级。午休时，我躺在床上，猛然间想到了有一天我会离开这个世界。到今天我依然能清晰地‘看见’当年一瞬间神思恍惚的我，就那样一整天都躺在床上。一想到有一天自己会长眠，想到再也见不到家人和朋友，再也看不到这个世界，再也不知道这个世界发生着什么，我的眼泪就哗哗哗地流个不停。其实在大三之前，我并非没有经历过家人或者周围人的离世。我的祖父母、外祖父母，包括周围的街坊邻居等很多人的离世，我都亲历过。面对他们的离开，我会悲痛伤心，但我从来没有思考过，有一天我也会成为他们。那个时候的我，就像今天的你一样，担心、害怕、迷茫，怀着这样的复杂心情，我拨通了妈妈的电话。听我说完，妈妈对我说：‘每个人都会离开这个世界，一代一代的人就是这样过来的。不要再胡思乱想了，把精力放在学习上，你很快就会忘掉这些的。’”

这时，我问臻臻：“你有没有发现，我也曾经和你一样迷茫过、彷徨过？”

臻臻：“所以，温老师是在大学的时候开始思考自己的生死的。”

我：“是啊，你看，我到大学才思考的问题，你在小学时就开始思考了。如果有一件事你迟早要思考，你觉得是早一点好，还是晚一点好？”

臻臻沉默着，安静地思考。

我：“我是谁？我从哪里来？我要到哪里去？这是一代又一代的哲学家不断思考的三大问题。思考了很久之后，尽管我依然无法坦然地面对死亡，但我学会了珍惜时间，珍惜身边的家人和朋友。我知道，对你而言，迷茫过后，你同样也会对人生有更深刻的思考。”

臻臻显然觉得自己已经是个哲学家了，她看上去更加放松和安静。

我："所以，臻臻，下次当你再思考生死这个问题，你会对自己说什么呢？"

臻臻："我会告诉自己，我很庆幸我自己是个正常人。"

我："很好，你有这样的心态，说明你在接纳自己的想法。你越是全然地接纳这个想法来，它越是可以自然地去。"

臻臻轻盈地点点头。

细心的你可能发现了，在和臻臻的沟通中，我进行了多次发问。我们不但可以通过发问让真相慢慢地浮出水面，也可以在发问中实现对方的自我说服。比如，我可以用陈述句来表达"你害怕死亡，这说明你是一个正常人"，但当我在陈述的过程中加入发问，这样表达："是的，你会发现有的人选择了轻生。那么这类不害怕死亡的人，你觉得他们是怎样的人呢？"臻臻自己思考得出的结论是："不害怕死亡的人，是轻生的人；而我害怕死亡，说明我是一个正常人。"

人，天生只心甘情愿地接受自己思考得出的结论，而不喜欢别人告诉自己的所谓的"真理"。

很多时候，我们认为自己在和孩子的沟通中做了种种努力，而孩子依旧不听，这一定是孩子的问题。但同样的情况，当我们改变倾听、发问、表达的方式，取得的效果就完全不同。孩子表现出来的不听话不过是一面镜子，照出了我们的沟通能力需要提升的事实。放下传统沟通中“我说你听”的沟通方式并非易事，我们需要用觉察的状态，带着接纳和边界，重重地听，缓缓地问，轻轻地说。如何觉察？如何接纳？如何清晰边界？如何可以重重地听，缓缓地问，轻轻地说？

接下来，让我们一起开始学习的旅程。

小练习

1.孩子不愿意和父母沟通，很重要的一个原因就是父母说得多、听得少，偶尔发问，一开口又变成了质问。你和孩子的沟通中有这样的情况吗？有哪些具体表现呢？将你的具体表现记录到下面的横线上，并写下今天的日期。看完全书后再来看今天的自己，对比自己发生了哪些改变。

2.表达很重要，倾听孩子的真实想法很重要，发问更重要，因为它是还原真相的利器。你是一个喜欢发问的人吗？回忆你和孩子沟通中一次非常成功的发问经历，并将当时的场景写到下面的横线上。

3.人，天生只心甘情愿地接受自己思考得出的结论，而发问可以引发对方思考，从而实现对方的自我说服。进行一次亲子沟通，试着在听的过程中发问，找找发问的感觉。你想在哪件事情上和孩子沟通呢？把这件事简要地写在下面的横线上。

Chapter **2** >>>

自我觉察
——重塑亲子沟通新模式的起点

没有觉察的父母，终其一生都在重复上一代的沟通模式，无形中又把同样的沟通模式传递给下一代。没有觉察的父母，即便手握再精良的沟通工具，也无法真正发挥工具的威力。当一个人成为一个有觉察的家长，他才有机会体会到育儿的真正喜悦，才能借由孩子的到来，开启自己的第二次生命。

看见内在小孩，开启沟通新模式

从我们成为爸爸妈妈的那天起，我们每个人都在无意识地用小时候从父母那儿学到的方式和孩子互动。随着孩子慢慢长大，原来顺畅的沟通变得阻碍重重，这种状态其实是在提醒我们，需要开始寻求新的沟通方式了。但我们往往会固执地认为：为什么这些沟通方式原来好用，现在不好用了？这一定是孩子的问题！

不是孩子的问题，也不是父母的问题，而是随着孩子年龄的增长，他的思维升级了，我们和孩子沟通的方式却没有改变。沟通方式的升级本身并不难，但不是所有的父母都能意识到自己的沟通方式也需要升级。没有觉察的人，会在原有的沟通方式中不停地原地打转。一旦开始觉察，我们就有机会升级我们的沟通方式。

珉珉今年上初中一年级。从小到大，他的成绩一直名列前茅。

但进入初中后，他的学习成绩下滑严重。要强的珉珉无法接受这种现状，他主动要求妈妈帮他增加课外补习。他坚持每晚学习到12点，但即便如此，他依然无法进入班级前10名。这让珉珉非常焦虑、紧张，他开始严重失眠。第二天课堂上打盹的他，经常被老师点名批评，这让珉珉更加不安。珉珉的情绪处在一种恶性循环中。

眼看着珉珉的状态越来越差，爸爸妈妈非常着急。妈妈经常抱怨爸爸："你就知道忙工作，忙到最后把孩子耽误了，有什么意义？"爸爸也意识到了问题的严重性，他开始用各种办法让孩子放松。这天，珉珉在写作业时情绪非常烦躁，爸爸便提议陪他去楼下打乒乓球。

打球过程中，爸爸试图活跃气氛，但珉珉自始至终一脸的烦躁。爸爸是个暴脾气，看着眼前的儿子，他一直告诫自己不能发火。就在这时，珉珉突然说："真没意思。"这让爸爸瞬间爆发，他大喊着："你想干什么？你再给我说一遍！"爸爸的话还没说完，珉珉狠狠地把球拍摔在地上，他小声嘟囔着："你真没意思。"爸爸高声呵斥珉珉："你给我捡起来！"珉珉弯腰捡起了球拍，转身却用力地将球拍扔进了垃圾桶……

珉珉爸爸不记得自己是怎么走回家的，他只记得和儿子发生冲突时的无奈、沮丧和担心。他开始设想，假如当时球拍没有摔在地上，而是落在了自己身上，他该如何应对？想到珉珉那冰冷的眼神，他甚至开始疑惑，这是自己的儿子吗？他怎么变成了这个样子？这样下去，我和他的关系会变好吗？……他越想越后怕。

带着无奈、沮丧、担心、疑惑等复杂情绪，珉珉爸爸走进了父母课堂。在课堂的静心练习环节，他猛然回想起自己小时候和父亲吵架的情景，当时暴怒的父亲也曾惊讶地看着无药可救的自己说："以后我再也没有你这个儿子！"

那一天起，珉珉爸爸果然"失去"了父亲，他再也没有真正地亲近过父亲。他一直固执地和父亲作对，直到有一天，父亲突发脑卒中去世。那一刻，他痛哭流涕，悔不当初。

人生没有后悔药，带着对父亲深深的亏欠和遗憾，珉珉爸爸一头扎进了繁忙的工作中。他的世界里只有工作，而他内心的郁闷和愤恨不仅没有因为工作而减少，反而越来越强烈。儿子珉珉就是在爸爸郁闷和愤恨的"磁场"中成长起来的。他的头脑中不断闪现出儿子说"真没意思"时冷漠且鄙夷的眼神，他似乎看到了轮回。有很多次，小时候的自己也觉得父亲很没意思。在他眼中，父亲悲观、厌世、消极、压抑。只要父亲出现，空气中立马就弥漫着压抑，而他唯一能感受到父亲存在的时刻，就是自己犯错被父亲训斥、责骂。

当珉珉爸爸回望小时候的自己以及自己一路走来受到的原生家庭的影响，他意识到珉珉现在所有的问题并不完全是他个人的问题，而是整个家族沟通模式的延续。假如他不开始改变自己，那么家族中这种无效沟通的模式、消极的情绪状态及生活态度都会一代又一代地传下去。

在不断深入学习的过程中，珉珉爸爸意识到自己的极度不自信源于父亲的暴脾气，而父亲的突然离世，又让他积压了太多的歉疚和懊悔，整个人持续处于负能量中，无形中也影响了珉珉的状态。

看清自己，是一切改变的起点。

当珉珉爸爸看清自己后，他开始系统地学习心理学，走上了自我探索和自我修复的路。他不再借由工作逃避问题，他开始养生、打球、看画展……随着他不断地接触新事物，他的生活变得越来越丰富，整个人的状态也越来越好。让他特别意外的是，珉珉的状态也越来越放松。尽管儿子的成绩并没有上小学时那么优秀，但他开始发自内心地信任和欣赏儿子了。

一次课上，珉珉爸爸不解地问："为什么小时候我并没怎么管珉珉，他的学习成绩还不错？当他出现问题后，我也并没有对他做过多的干预，他反而逐渐好了起来？"

一个人，做或者不做一件事，有两大动机：一是趋利，二是避害。

在珉珉的家庭中，爸爸一直非常郁闷和压抑。珉珉为了在这样的环境中活下去、活得好，唯一的办法就是让自己变优秀。他把大量的精力放在学习上，试图以此取悦爸爸，学习成绩自然比较好。

随着年龄增加，一味讨好爸爸的珉珉，内心也变得非常郁闷和压抑。这种郁闷和压抑随着时间的推移，逐渐累积到随时可能爆发的边缘。让情况更不容乐观的是，进入初中后成绩的一再下滑，让他无法继续做爸爸的骄傲。起初，他对自己充满了愤怒和不满，而当他怎么努力都做不好的时候，他开始迁怒于让他郁闷和压抑的源头——爸爸。

所以，当爸爸的状态越来越好时，珉珉就被“解放”了，他不再需要费尽力气去取悦爸爸。更重要的是，爸爸的笑容传递了一份力量。这份力量会给予孩子足够的安全感，让孩子放松下来，所有的注意力转回到学习上。这种放松且专注的状态也帮助珉珉在学习上稳步提升。

珉珉还是那个珉珉，但爸爸透过觉察打破了家族沟通模式的传承，最终让珉珉变得不一样了。那么，个人成长的路上，觉察对于我们的人生到底意味着什么呢？

觉察对于我们的人生而言，就好比我们在浏览网页时突然出现的一个超链接。没有看到这个超链接之前，我们在原网页上重复着旧有的模式，比如，思维模式、沟通模式、情绪模式，等等。但有一天，我们看到了这个超链接，顺着这个超链接打开一个又一个新的超链接。每打开一个，就意味着我们的模式进行了一次迭代。觉察，就是帮助我们看到这个超链接。只有“看到”，才有改变的可能。

我们常说，改变自己要坚持“停，看，选择，行动”4步原则，而“选择”一定是在旧模式的基础上有了新模式可供选择。但很多时候，即便有了新模式，我们也不一定能顺利更新升级。因为旧模式太强大，强大到我们还没来得及思考，就已经做出了“选择”和“行动”。所以，“停”和“看”就变得尤其关键。停下来，看一看：孩子怎么了？我怎么了？接下来怎么做会更好一些？只有先“停”下来，我们才有打破旧模式的机会，而觉察无疑是让我们停下来的关键点。

根据觉察的时间顺序，我们将觉察分成4个层次：不知不觉、后知后觉、边知边觉、先知先觉。很多时候，我们没有停下来，恰恰是因为我们处于不知不觉中。比如，今天我们和孩子做了一次沟通，但我们根本没有意识到我们的沟通方式不恰当，第二天继续用，第三天继续用……这就是不知不觉的状态；又比如，在和孩子沟通之后，我们突然意识到自己的沟通方式不恰当，并且开始思考新的沟通方式，这种状态叫后知后觉；再比如，我们一边和孩子沟通，一边意识到自己的沟通方式是有问题的，但无法让自己停下来，这时我们就是在边知边觉；如果我们一边和孩子沟通，一边意识到这种沟通方式有问题，并尝试了一种新的沟通方式，这种状态就是先知先觉。即使只做到了后知后觉，我们也已经走在觉察的路上，为改变提供了极大的可能性。

觉察，是一切改变的开始。觉察，让我们和孩子的沟通有了新的可能性。当你拿起这本书，和这本书对话时，你已经走在了觉察的路上，你和孩子的关系也会因为这份觉察而发生微妙的不同。带着觉察往前走，你将会收获与孩子亲密沟通的能力，成就自己和孩子的幸福人生。

小练习

1.没有觉察，人不过是在旧的沟通方式中不停地原地打转。回想一下你和孩子的沟通方式，你是否觉察到你和孩子的沟通方式需要调整？你认为其中需要调整的地方是哪里？

2.觉察是一切修行的开始。觉察的4个层次——不知不觉、后知后觉、边知边觉、先知先觉，你觉得自己处于哪个层次？具体是如何表现的？请思考，并将你的想法写在下面的横线上。

3.当我们能够做到“停，看，选择，然后再行动”，我们已经走在了觉察的路上。在接下来的一周中，留意自己和孩子的沟通。当你在沟通中能够停下来看到自己的时候，不妨轻轻地对自己说：“我看到了自己的觉察，我已经在打破旧模式的路上。”

替换限制性信念，安抚不平静的心

舒然有一双儿女，女儿7岁，儿子3岁。女儿升入小学二年级后，班主任几次打电话告诉舒然，说女儿未经同意拿了同学的东西。每次和老师通完电话，舒然都会劈头盖脸地将女儿痛骂一顿，可情况依然没有改善。

这天，舒然又接到了班主任的电话，说女儿又不经同意拿了同学的自动铅笔。班主任建议让她在家反省两天，当她能够真正意识到问题的严重性后再来上学。

接完老师的电话，舒然既羞愧又担心。她气急败坏地冲到女儿桌前，恶狠狠地用戒尺打孩子的手心。舒然每打一下，女儿都会发出惨烈的叫喊声，而每打一下，舒然的心也在滴血。此刻，她完全不知道除了打孩子还能做什么。打完之后，舒然让女儿写下保证书，承诺以后绝不再拿别人的东西。

反省两天后，女儿回到了学校。过了不到一周，舒然再次接到了班主任的电话……

这时的舒然完全处于崩溃状态，她担心这样下去，女儿在学校里会被孤立，这会影响到孩子未来的人际关系。舒然甚至开始严重失眠。

在这种情况下，舒然带着女儿来做咨询。见到母女俩时，我留意到女孩每次抬头，都会小心翼翼地快速瞥一眼周围的环境，眼神里满是委屈和恐惧。透过她的眼神，可以明显感受到她的胆小。如此胆小的一个孩子，却接二连三地用“偷窃”触碰妈妈的底线，她的内心到底在发生着什么呢？

舒然焦虑又无奈地对我说：“温老师，骂也骂了，打也打了，一点用都没有。现在我该怎么办啊？”我没有立刻回答，而是问她：“你小时候有没有偷东西的经历或者被怀疑偷东西的经历？”听到问题的一瞬间，我在舒然焦虑无奈的眼神里看到了惶恐和紧张。

舒然说出了埋在她内心深处的一个童年故事。

舒然5岁那年的暑假，她在姥姥家住了两周。刚回到家，妈妈就接到了姥姥的电话，随即妈妈恶狠狠地拿起鸡毛掸子，指着舒然说：“姥姥发现她放在抽屉里的五块钱不见了，快说，你把钱放哪儿了？”舒然根本没拿那五块钱，她边哭边和妈妈解释。

妈妈根本不相信舒然，但看到舒然哭得那么伤心，妈妈猜想她可能已经将钱花掉或者弄丢了。于是妈妈宽慰舒然，说即便钱花了或者丢了也没事，承认错误并改正错误就可以。

但舒然真的没拿，她不停地和妈妈解释，这激怒了本就羞愧、愤怒的妈妈。她顾不上舒然一脸的恐惧和无辜，把舒然一通暴揍，警告舒然，让她从此长记性。

之后再也没有人提起这件事。直到今天，舒然依然不知道不翼而飞的五块钱到底哪儿去了，但她的内心一直有一片巨大的阴影。直到现在，她都不敢单独待在公共区域。上学时的宿舍，工作后和别人合租的房子，甚至单位办公室等公共区域，只要房间就剩她一人，她立马就会陷入恐慌：万一这里丢了东西，我怎么办？我该怎么解释？在所有的集体生活中，舒然都努力避免一个人待在房间，这也让她养成了谨小慎微的性格。从小到大和朋友的相处中，她时刻处于紧张状态，并且她感觉自己和朋友之间总是隔着很远的距离，似乎她从来无法真正走近对方。

表面看是孩子出了问题，但其实舒然才是解决问题的根源。我问了舒然几个问题。

我：“每次听到老师说女儿拿了别人的东西，你是什么感受？”

舒然：“每次我都特别紧张，特别羞愧。”

我："你紧张、羞愧，是想到了什么呢？"

舒然："我担心女儿长大后像我一样，没有真正的朋友。自从姥姥丢钱事件后，我总是刻意地和周围人保持距离。我特别羡慕别人有闺密，而自己却活得很孤独。当老师第一次说女儿拿了别人的东西时，我感到非常恐惧和担心，我怕女儿会变得和我一样谨小慎微、胆小怕事，这样她一生都会活得很累。"

我："所以，你担心孩子和你一样没有真正的朋友。当你有这种想法时，你的身体有什么感受呢？"

舒然："我会心跳加快，头皮发紧、疼痛。我批评孩子时看上去很有力量，但身体其实非常没有力量。"

我："在这种无力、焦虑、担心的情绪下，你会与老师和孩子怎么沟通呢？"

舒然："刚开始时，我告诉老师我一定会好好教育孩子，但同样的情况连续发生，我不停地和老师道歉。当老师的语气非常严厉时，我会更加崩溃，担心老师已经不喜欢女儿，担心女儿被同学孤立。带着种种担心，我在批评孩子时就特别激动。"

我："所以，你担心孩子偷东西就会和你一样没朋友？孩子在二年级时拿了别人的东西，她就会和你一样没有朋友，是吗？"

舒然陷入了沉思。

我："孩子在二年级时拿了别人的东西，如果我们处理得当，同时又给予孩子强大的支持，孩子依然有可能拥有幸福的人生，不是吗？"

舒然思考着，她开始意识到自己从一开始就偏激地将问题扩大化了。从第一次接到老师的电话、她歇斯底里地责骂女儿开始，她从未心平气和地和女儿沟通过，更谈不上支持。

我给舒然介绍了限制性信念，舒然意识到自己“偷东西就会没有朋友”的这个信念已经让她深陷恐惧和担心中。她带着恐惧和担心去责骂女儿，女儿根本听不到她在说什么，却清晰地记着她的一脸狰狞。

知道“偷东西就会没朋友”这个信念在影响着自己的情绪后，舒然开始不断地给自己心理暗示：事情完全没有想象的那么糟糕，只要我及时和孩子沟通，我一定可以和孩子一起很好地解决这个问题。

当舒然自己的心安静下来，她耐心地和女儿进行了一次沟通。女儿告诉舒然，自己拿的别人的东西都是自己和妈妈要过，但妈妈因为各种原因没给自己买的。舒然这才想起，女儿以前要什么东西，她都会以质量不好、没用、性价比不高等理由拒绝。女儿没有零花钱，又好奇那些自己从妈妈那儿无法得到的东西，于是就用“偷”的方式来满足自己。听女儿说到这里，舒然长长地舒了一口气。

当她真正静下心来，她才了解了孩子真正的想法，而这个困扰她和孩子很久的问题马上就得到了解决。在这个过程中，静下来觉察自己头脑中的限制性信念，正是解决问题最关键的一环。

前面我们提到了合理情绪疗法中的ABC理论，当舒然从“偷东西就会没朋友”转变为“我一定可以和孩子处理好这个问题”，她的情绪开始放松下来，而这份放松同样让孩子放松下来，她才有机会把自己真实的想法告诉妈妈。**同样是和孩子沟通，我们是带着爱还是恐惧，得到的沟通结果截然不同。**

发现孩子有不当的行为，我们的第一反应是愤怒或者担心，这份负面情绪是因为我们内心对这件事有限制性信念。找到这个信念，同时转变这个信念，我们才能从根本上转变旧的沟通模式，开启新的沟通模式。

小练习

1.找到你和孩子沟通不畅的一件事，在这件事上你坚持的观点是什么？这个观点极有可能就是隐藏在你头脑中的限制性信念。当你坚持这个观点时，你有什么情绪？当你有这样的情绪，你的身体有哪些反应？（比如，头皮发紧，胸口发闷或者呼吸急促，等等。）

观点（限制性信念）：______________________________

____

情绪：______________________________

____

身体反应：______________________________

____

2.结合合理情绪疗法中的ABC理论，针对这件事情，如果用另外一个新观点（强有力信念）来替换你内心的旧观点，你的新观点是什么呢？当你有了这个新观点，你的情绪有没有变化？身体有没有变化？

新的观点：______________________________

____

新的情绪：______________________________

____

新的身体反应：______________________________

____

3. 带着新的强有力信念和孩子沟通，你会如何表达呢？试着将你想说的话中的3～4个关键词写在下面的横线上。

____

____

____

提升能量状态，释放和善与坚定

近几年，在家庭教育环境中盛行一种理念：和善而坚定。大多数父母在意识到棍棒教育、讲理式教育不科学后，教育孩子的态度会从严厉转向和善。在现实操作中，我发现相对坚定而言，父母们更容易做到和善。但让他们放下原有的“控制”，找到一种“坚定”的状态，似乎并不容易。那么“坚定”到底是怎样的一种状态呢？

小雪的女儿今年上六年级，她最大的爱好是周末和妈妈一起逛街。但让女儿比较苦闷的是：似乎每次逛街，妈妈都不是很高兴。

这天，小雪又陪女儿逛街。女儿看中了路边地摊上亮闪闪的小发卡。但小雪觉得这些发卡质量很差，就建议女儿去商场买。女儿执意要买，小雪拗不过，于是她很不情愿地说：“你愿意买就买吧。”

过了一会儿，女儿又发现一个漂亮的笔记本，她拿起来又放下，最后她鼓起勇气告诉妈妈自己想要。小雪告诉女儿，家里有很多类似的笔记本，没有必要买。但女儿认为，这个笔记本虽然看上去和其他的类似，但它有个减压功能。尽管小雪已经很烦躁，但她想着陪孩子逛街就是图个高兴，于是她又同意了女儿的请求。

当女儿再次拿起一个毛茸茸的小兔子发带，兴奋地告诉妈妈她很喜欢时，小雪强压着自己的火，阴着脸问："你眼光能不能好点？"看到妈妈一脸轻蔑的样子，女儿有些生气，她说："每次逛街你都一副不高兴的样子，你再这样，我以后不陪你逛街了！"小雪听到女儿这样说，心里也很难受。她压抑着自己的情绪，冷冷地说："那就赶紧回家吧，以后也别逛了！"

回家路上，小雪和女儿谁也没有理谁。一进门，女儿便将自己反锁到房间里。

女儿一边抹眼泪，一边写下了这段文字：妈妈，每次逛街时，我每拿起一件我喜欢的东西，我都要看一眼你的脸。你是微笑的，我知道我选对了；一旦你脸色难看，我就知道我又选错了。可是，你知道吗？你是大人，我是小孩，我喜欢的东西怎么会和你喜欢的完全一样呢？有些东西不见得质量好、有品位，可却是我喜欢的呀。现在的我一直活在你的脸色里，这种感觉让我压抑，也让我崩溃。妈妈，请告诉我什么时候可以结束这种状态？

写完，女儿把小纸条悄悄地放在了妈妈的书桌上。

看到女儿写下的话，小雪陷入了沉思。学习过一些家庭教育理念的她，知道接纳孩子的重要性。令她困惑的是，每次她都努力克制自己不发火，也答应孩子买她想要的东西了，为什么女儿感受到的依然是自己对她的不接纳呢？

带着这样的苦恼，小雪加入了父母课堂。

在不断深入学习过程中，小雪了解到自己是典型的讨好型人格。面对孩子的请求，看上去她允许了孩子，但这份允许是因为她不知道怎样表达自己的不允许。这时，即便女儿买到了自己想要的东西，她依然能够感受到自己没有被真正接纳和允许。

面对孩子的请求，父母是发自内心的允许，还是因为无力而选择了妥协？长期来看，这种无力的“伪和善”对孩子的伤害力极强。为什么这么说呢？一方面，孩子已经被允许，他应该高兴，但他潜意识里接收到的却是截然相反的不被接受的信息，这使得孩子无法发自内心地高兴。另一方面，父母觉得已经满足了孩子的要求，怎么他还那么不高兴？这又让孩子感到一种无所适从、无法言说的“不被接纳”。

回想生活中的我们，有些时候，也许我们对孩子的“允许”并不是真正的允许，而只是像小雪一样，没有想好该如何“坚定”地拒绝。

小雪第一次看到了真实的自己。在课上的总结发言环节，小雪这样总结：“原来，我从来没有真正地了解自己。很多时候，我努力压抑着自己去满足孩子，不让心中的傲慢和掌控感跑出来，我以为自己已经做得很好了。没想到，我对自己的所有压抑都被孩子看在眼里。孩子感受到我的不开心，自然也无法真正开心起来。以前我会觉得孩子太不知道知足，买了那么多东西，为什么还是不高兴？觉得孩子太贪婪，欲望太多，一这样想我就更担心。越是担心，就越是在孩子提要求的时候纠结。我的童年过得并不开心，在金钱上也有很强的匮乏感。我曾告诫自己，不要将自己的匮乏感传递给女儿。但今天，我发现我努力了很久，走了很远的路，却依然在推着女儿走自己走过的老路。”

要解决小雪和女儿在逛街这件事上的矛盾，有两个角度可以切入：一是了解小雪的童年到底发生过什么；二是练习如何在孩子提出要求时，有理有节地表达自己的真实意愿。

童年发生的一切，都会在我们的头脑中产生印记，并影响着我们今天的行为方式和情绪起伏。**一件事发生了，我们有情绪。但并非事情本身让我们产生情绪，而是我们对事情的解读。**当回到童年场景中，重新面对当时的事件，用我们今天的眼光和思维审视它，我们就有机会重新解读这件事。

随着课程的进行，童年的一幕幕开始在小雪眼前慢慢清晰起来：她看到，爸爸妈妈吵架时，爸爸将衣柜推倒在地。爸爸的吼声让她害怕，妈妈的哭声让她揪心。受惊的自己跨过满屋狼藉，逃离了那个家，一个人在麦田里哭了好久。她看到，自己骑自行车时不小心磕破了膝盖，爸爸看到鲜血直流的膝盖后，一巴掌打在她头上，怪她做事毛毛躁躁。她看到，妈妈和爸爸说话时总是一副讨好的样子，她的世界里似乎只有“好好好”“是是是”……

每看到一个画面，小雪都会忍不住流泪，她看到了童年中那个恐惧、害怕、无力、无助的自己。就这样，小雪带着童年所有的委屈长大了。身体上长大了，内心却一直住着一个自卑、无助的小孩。每当小雪感受到周围世界的不友好，她就会表现得像孩子一样无助。哪怕面对的是自己的女儿，她依然不知道如何表达自己。

要重新解读当年的事件，首先要知道，当时还是孩子的小雪是如何解读的。

随着引导的深入，小雪看到，当爸爸妈妈吵架时，她的解读是“都是我不够好”；当自己磕破了膝盖，却挨了爸爸一巴掌，她的解读是“我是不被爱的”；当看到妈妈小心翼翼地讨好爸爸，她的解读是“妈妈真窝囊”。

当一个孩子带着“都是我不够好”“我是不被爱的”“妈妈真窝囊”这样的想法长大，不管是求学，还是步入职场，他会是自信、阳光、有力量的吗？会侃侃而谈地表达自己吗？会铿锵有力地维护自己吗？这很难，不是吗？这种想法让小雪变得恐惧、无力、懦弱、自卑，这构成了小雪早期生命的基色。**当我们的人生大厦构建在恐惧、无力、懦弱、自卑的地基上，它越是高大，就越是岌岌可危。**

看见，即成长。

在童年的一个个镜头中，小雪看到了自卑、委屈、压抑、害怕的自己。她之所以形成这样的性格，取决于当时她对发生在自己身上事情的解读。那时，她不过是个孩子，她的视角是有局限性的。现在，她已经是一个成年人了，可以有更宽广的视角去看待当时的事件，并重新解读它。

当她重新去观察爸爸妈妈吵架的场景，她意识到这是爸爸妈妈的相处模式，恰如今天自己也会和爱人吵架一样。他们用这样的方式相处到今天，为自己守护了一个温暖的家。当她回看摔破了膝盖的自己，先是被爸爸打了一巴掌，后来爸爸着急地骑着车，把她送到了5公里外的医院包扎。她原来的回忆中只保留了被爸爸打了一巴掌的画面，却忽略了爸爸之后为她做的事。打一巴掌是因为心疼，如果我们的孩子不小心弄伤了自己，我们也会责怪孩子。越是心疼，越不能接受孩子受到伤害。不善表达的爸爸用这样不恰当的行为表达了他对女儿厚重的爱。当她看到小心翼翼和爸爸说话的妈妈，她读懂了妈妈与人为善的宽容和慈悲。妈妈用她的隐忍和顽强包容了爸爸所有的坏脾气，给了自己一个完整的家，这又何尝不是妈妈内心坚定有力的体现呢？

当小雪清晰地看到过往的一幕幕，她感受到从未有过的力量和欣喜。那个让自己变得自卑的家，竟然蕴藏和洋溢着如此厚重的爱与如此坚韧的力量。她甚至开始后悔，自己为什么没能早一些发现。

我们无法决定成长的时机什么时候来，但我们可以在它来的时候，毫不犹豫地抓住它。我们的父母不是完美的，我们每个人也都带着各自的不完美变成了父母。如果说父母给了我们第一次生命，孩子的到来则给了我们重生的机会。但遗憾的是，并不是每个人都能抓住这次重生的机会。

随着小雪对父母看法的改变和对过往事件的重新解读，她变得越来越有力量。回看她和女儿逛街起冲突这件事，她意识到，恰恰是自己的无力，让自己不敢对孩子有要求。看清问题本质的小雪和女儿做了约定：一是每次逛街时女儿可以自主支配的金额为50元；二是每次可以自主选择东西的件数为3件。

这样一来，女儿在选择物品时只看自己喜不喜欢，不需要随时随地察言观色。女儿在一次次自我决定中，学会了为自己负责。同时，她的内心也越来越有力量。而小雪也因为和女儿明确了规则，无须再像以前那样压抑自己，整个人的状态越来越松弛、轻盈。

能量不足的父母，很难对孩子施加影响力。因为再有道理的话，经过我们的口说出时已经变得没有力量。陪伴孩子成长的路，是一条父母自我修行的路。在这条自我修行的路上，我们能够提升到什么程度，完全取决于我们的觉察水平，更取决于我们有没有借由一个个过往事件重新认识自己，进而提升自己的能量状态。从这个角度讲，每一个走上这条自我修行之路的人都是幸运的。而我坚信，手捧这本书的你，已经身处这份幸运之中。

小练习

1.不管你是否意识到了童年里发生的那些不开心事件，它都如影随形，并且影响着你今天的生活。回想童年里让你不开心的一件事，试着将它写在下面的横线上。写的过程中，留意自己情绪和身体上的感受变化。

2.这件事对你日后的生活产生了一定的影响。试着回忆这件事是如何影响着或者影响过你的生活。

3.现在从一个成年人的角度重新回看这件事，你会有不一样的解读吗？将你的思考写在下面的横线上。

优化语言结构，传递理解与尊重

和孩子的沟通，除了要觉察沟通模式、限制性信念、能量，我们还要试着觉察我们的语言结构。

每个人都有一套固定的语言结构，它隐藏于我们的潜意识之中。尽管我们每天都在使用它，但我们觉察不到它。比如，我们到底在如何表达？我们在表达时的语言是负向的还是正向的？有时候，在开口的一瞬间，我们的语言结构已经将对方带入负面情绪中，在这种状态下的沟通，多半会不欢而散。通过觉察我们的语言结构，重新建构新的语言模式，不但可以调整我们和孩子的情绪，还有助于我们和孩子达成沟通共识。

楚楚是一名小学四年级的女生。

进入四年级后，写作文逐渐多起来，而作文是楚楚的弱项。

只要白天上过作文课，楚楚的情绪就特别低落。妈妈看在眼里、急在心上。她十分担心楚楚会因为作业完成得不好而否定自己，变得不自信。所以妈妈每次看到楚楚不高兴时，都会面带微笑地告诉楚楚："宝贝，妈妈觉得你已经表现得很好了，我们不用和别人比。"

这天回到家，楚楚再次情绪沮丧。果然，她拿出课上写的作文，对妈妈说："老师给我的批语是待达标，同学都笑话我作文写得不好。"楚楚妈妈心里一紧，她担心的事还是发生了。那一刻，她似乎看到了在学校里自卑到抬不起头的楚楚。妈妈连忙安慰楚楚说："楚楚，你看你写得多工整。你才上四年级，能写成这样已经非常好了。只要我们……"妈妈的话还没有说完，楚楚就带着哭腔说："你别说了，你别说了，你骗我，你一直在骗我，我要再重新写一遍！"

看着焦虑的楚楚抹着眼泪、埋着头重新写作文，妈妈不禁也跟着烦躁起来："我都这样安慰她了，她怎么还这么大的情绪呢？"

从楚楚妈妈和孩子的沟通中，我们不难看出她有很强的觉察力，面对楚楚的挫败，她想方设法地安慰楚楚。但为什么妈妈做了那么多努力，楚楚没有感受到被支持，反而更加烦躁了呢？

进入小学后的孩子，会视老师为权威的代表，并且他们会越来越在乎周围小伙伴对他们的看法。在写作文这件事上，老师和同学都认为楚楚写得不好，妈妈却不停地说她写得很好，这让楚楚无法感受到妈妈对她的理解。面对老师和同学的评价，楚楚感到焦虑、紧张、难过，甚至自卑。这时候，她不需要别人来否定自己的感受，而是需要一个人来理解自己。

楚楚妈妈这才惊醒，她以为自己在努力地支持孩子，事实上，自己说出的每一句话都在告诉她，你不应该有这样的负面情绪。这所有的“不应该”背后，透露着对孩子的不接纳、不理解。是啊，一个不被接纳、不被理解的孩子，怎么能够让自己的情绪平复下来呢？

有了这样的发现，楚楚再提起自己的作文写得不好时，妈妈就会抱抱孩子，告诉她：“楚楚，我感受到了你的感受，我知道你很难过。”她一边说，一边用手爱抚楚楚的后背。她惊讶地发现，当自己能够静静地陪着楚楚，去理解她时，楚楚的情绪很快就会好起来。那种感觉就好像她在妈妈这里汲取了无限的能量，可以应对学校中任何的挑战和难题。原来楚楚根本不需要妈妈的肯定，她只需要妈妈理解她。

正在看本书的你，有没有在楚楚妈妈身上看到自己的影子呢？你是否也有这样的时刻，你很努力地表达自己对孩子的爱，却从没真正弄明白孩子到底需要什么？当我们没有弄明白孩子内心真正想要的，任何看上去美好、温暖的表达都可能无效。

这让我想起，我的儿子洋洋上幼儿园大班时的一个场景：那天接洋洋放学，出门时我见他手里拿着那套一早刚带去学校的绘本。这让我纳闷，因为一般拿到学校的绘本，要一周后才带回家，今天怎么当天就拿回来了呢？带着这样的疑问，我开始问洋洋一些细节。

我："你怎么今天就把绘本带回来了？"

洋洋："嗯，老师让我带回来的。"

我："发生了什么老师让你带回来呢？"

洋洋拿着书使劲一抖，说："妈妈，我的书被调皮的轩轩撕烂了。"

我翻开书，果然有几张内页被撕烂了，我问："老师知道吗？"

洋洋："我给老师看了，老师知道。"

"然后呢？"我问。

"然后老师说，那你带回家吧！"

听到这里，我头脑里瞬间出现了很多声音：老师有没有批评教育轩轩？老师有没有尝试把绘本粘起来？老师很明显没有解决问题，而是选择了逃避问题。老师怎么可以这样解决问题？

当我觉察到一个个想法争着要跳出来时，我笑着提醒自己说："你的大脑又开始导演节目了，停，先来听听孩子怎么说。"

我收起所有要跳出来的想法，问洋洋："老师让你把绘本拿回家，你是什么感受？"

洋洋兴高采烈地说："我很开心，这样轩轩就不能搞破坏了。

妈妈，回家后你帮我粘起来，好不好？”

看着孩子欢呼雀跃的小脸，我一边答应着好，一边陷入了思考。我在想，如果我对孩子说：“书都烂成这样，你们老师都没有批评轩轩吗？你们老师有没有把书粘起来？你们老师什么也没做，你怎么还那么开心？”

试想，如果我真的这样表达，孩子听完会是什么感受？他会不会觉得自己很棒？不大可能。他会不会想“别人撕了我的书，老师什么都没做，我还在这开心，我太傻了！”？极有这种可能。

很多时候，我们惯性地和孩子说了一些自己都不知道要表达什么的话，而这些话因为没有提前组织，只是随性地表达，会给孩子一种无所适从的感觉，甚至会让孩子感觉自己很蠢、很笨。在和孩子沟通前，觉察并梳理自己头脑中跳出的种种想法，思考我们到底要达到什么目标后再开口，才更容易达成有效的沟通结果。

重新整理了自己的思路后，我决定了解一下孩子到底在想什么。

我问：“当你看到自己的书被轩轩撕烂，你是什么感觉？”

洋洋回答：“我很难过，《大卫，不可以》可是我最喜欢的一套书啊！”

我：“嗯，当你难过地告诉老师这个消息时，你希望老师如何帮你解决这个问题呢？”

洋洋想了想说："我希望老师让轩轩再也不撕书了。他经常撕同学的书，老师每天都会批评他，但根本就没用。老师说让我把书带回家，轩轩就撕不到我的书了。"

我："所以，当老师让你带回家，你觉得老师已经帮你解决了问题，是吗？"

洋洋："是的，老师找了好久也没有找到胶带，就说让我回家找妈妈粘上，爱护好书籍。老师还帮我把书装进了这个小袋子，嘱咐我千万别弄掉了里面的小碎片……"

每个人都活在自己创造的主观世界里。面对外界发生的事情，当我们和孩子沟通时，我们都是带着自己从小到大的思维和逻辑在表达自己的"真理"，而这个"真理"只属于我们自己。孩子虽小，他亦有自己感知这个世界的途径和方式，我们过多的表达，在变相地否定孩子的同时，也一步步地将他越推越远。

觉察是方法，更是一种生命状态。不管是楚楚妈妈还是我，那些一直跟随着我们的表达方式，不一定是最有效的方式。只有静下来觉察头脑里的声音，我们才有机会打破旧的语言结构，从而建立新的语言结构。遇到问题时，我们不妨先放慢脚步，停下来去觉察头脑里的一个个"真理"，然后笑笑，对它们说："好了好了，我都知道了，大家先退下吧。"只有先放下自己的想法，放下所有的先入为主，我们才有机会带着好奇去发问，去了解更多的信息，才有机会真正倾听孩子的心声。

小练习

1.在沟通中，我们除了表达，还要有必要的发问和聆听。回想你和孩子的沟通中，你使用表达、发问、聆听的占比大约分别为多少呢？写在下面的横线上。

表达：______________________________

发问：______________________________

聆听：______________________________

2.试着找到最近和孩子沟通的一件事，去感受一下，在这件事上你的观点是什么？你有没有试着去了解一下孩子的观点？试着将你和孩子的观点分别写在下面的横线上。

____

____

____

3.假如你有机会和孩子重新就上面这件事沟通，你会如何沟通呢？试着将自己的沟通思路写在下面的横线上。

第一，______________________________

第二，______________________________

第三，______________________________

固化沟通新模式，开启“觉察日记”

当沟通不畅时，觉察让我们有机会停下来看见自己：这是我想要的亲子关系吗？这是我想要的亲子沟通方式吗？还有更好的沟通方式吗？当我们试图寻找更好的方式时，我们的改变也随之发生。那么，如何让自己走向觉察呢？

做家庭教育初期，住同一小区的韵韵妈妈对我说：“我很纳闷，养个孩子父母还要学习？孩子就不能惯毛病，说了不听就得揍。”说这话时，她的女儿4岁。两年后，韵韵进入小学，她每天的学校作业都磨蹭到晚上11点。因为写作业慢，韵韵没少挨揍，可是情况依然没有任何改观。

韵韵妈妈见揍的办法不管用，又开始用各种方式耳提面命。她开始和女儿分享自己的拼搏史。她告诉女儿：“我所有的钱都是自己赚来的，我和爸爸自信有能力给爷爷奶奶、姥姥姥爷提供更好的生活。你现在如果不好好学习，未来能做什么？我们可以不指望你，但你要不要养活你自己？看你现在的样子，以后怕是连养活自己都困难！”

经过多次这样的沟通后，韵韵的学习状态非但没有好起来，反而越来越差，她甚至经常借口身体不适不去上学。在万般无奈和沮丧中，韵韵妈妈又来问我：“我都那么努力了，为什么这个熊孩子一点都不争气？”

当了解了她自己的童年经历后，我发现韵韵妈妈对孩子的态度像极了她的母亲。当年，她在母亲的讽刺、挖苦中，一路跌跌撞撞走到今天。尽管事业上小有成就，可她自己已是遍体鳞伤，体会不到人生的快乐和活着的意义。而她自己也在无意识中承袭了母亲的讲道理甚至责骂。回想起经常无精打采的韵韵和她看人时躲闪的眼神，她后悔自己用错误的方式对待了孩子那么多年，完全忽略了孩子内心的委屈和压抑。

在养育孩子的路上，如果我们不觉察，就会像韵韵妈妈一样，在潜意识的支配下不知不觉地做了很多无效行为。韵韵妈妈幡然醒悟，开始了自己的觉察之路。

上父母课堂最初的一个月里，韵韵爸爸开玩笑地对我说：“温老师，韵韵妈妈上完你的课后，整个人发生了翻天覆地的变化，我们一家人的心情也经历着过山车式的变化。”

原来，刚上完课后的那段时间，韵韵妈妈仿佛换了一个人，对孩子超级耐心。当孩子写作业再次磨蹭时，她便站在孩子的角度给孩子打气。韵韵一度感动地以为自己换了个新妈妈，她又搂又抱地高呼妈妈是“中国式好妈妈”。可是20多天过后，韵韵妈妈又开始责骂孩子，退回到了原来的沟通旧模式中。

为什么已经学习了新的模式，旧模式还会反复出现呢？其实，我们每天所做的决定，看上去是我们在做决定，事实上我们不过是一台对刺激被动做出自动化反应的“机器”。

人这台机器，由硬件和软件组成。可以把身体理解为硬件，软件则包括我们的思维模式、行为模式和情绪模式等。我们看不到这些软件，但我们随时在用这套软件来应对和处理周围所有的事情，这些事情我们称之为外界刺激。

外界刺激一出现，相应的反应就会出现，这就是心理学中的刺激—反应原理。比如韵韵妈妈对待孩子的态度，只要孩子表现不好，她就开始讲道理，讲道理不行就责骂。这一刺激—反应模式是韵韵妈妈小时候从母亲那里学到的。在她的神经元网络中，形成了一个完整且强大的神经元链条，这个链条中包含了她的思维模式、情绪模式和行为模式。

韵韵妈妈和世界互动的模式，在童年期（0~6岁的关键期）已经编写完成，而6岁之后她和外界的互动，不过是这套模式的一次次重复。模式一旦形成，长时间使用后就会固化下来，并具有一定的稳定性。我们可以理解为这套模式下的神经元纤维非常粗壮，就像我们的胳膊那么粗。当我们试图重新建立一个新模式、一条神经元纤维时，这条神经元纤维就像小手指那么细。当我们尝试用这套新模式、神经元网络和孩子沟通时，旧的强大模式会轻而易举地打败新模式。

这个时候，觉察就变得非常重要。每当旧模式要打败新模式时，我们要敏锐地捕捉到是旧模式又出来捣乱了。我们应当安静下来，持续地使用新模式。神经元网络也遵循“用进废退”的原理，当我们持续地使用新模式，新的神经元网络会越来越粗壮，直到有一天也如旧模式一样粗壮。与此同时，旧模式在废弃不用的过程中慢慢退化，直到无力和新模式抗衡，这时我们就建立起了新的沟通模式,而这个新的沟通模式是一种对旧模式的补偿。

简单来说，原来的刺激与反应之间畅通无阻，但当我们意识到要建构新模式就要打破旧模式，这时我们需要告诉自己的潜意识，此路已经不通，需要转弯，寻找新路径。这条新路径，就是后面的补偿。这一模型称为觉察—阻偿模型，先有觉察，后有阻断旧模式，紧跟着的是代偿新模式。

看到这一模式后，韵韵妈妈意识到，要改变自己的旧模式，觉察非常重要。可以说，是否可以时刻保持觉察、觉察能力的强弱，直接决定了是否可以快速地建立新模式，是否可以从大量的“知道”中披荆斩棘地转化为“做到”。可是，如何训练自己的觉察力，让自己时刻保持觉察状态呢?

在韵韵妈妈进入到第二个30天的学习阶段时，她跟随学习小组开启了100天的“觉察之旅”。每天在学习小组内写觉察日记，不限内容、不限字数、不限格式，只需要在每天睡前对一天中印象深刻的一件事进行分析、总结。

在每天的觉察日记里，我看到了韵韵妈妈缓慢但坚定的改变。

【觉察日记】#第1天

今天对“忍住不说”感触很深。以前孩子磨蹭拖拉时，我是不可能什么都不说的。昨天晚上和今天晚上，孩子写作业依然那么慢，我还是像以往那么烦躁，但这次我选择了沉默。尽管我的情绪已经到了能承受的极点，但我没有说话。我发现，只要我能控制住我的情绪，孩子情绪平稳，更容易快速完成作业。让我意外的是，今天孩子写完作业后主动过来抱我，谢谢我没有责备她。孩子真的是非常有感受力的，我的克制她都知道。我只需要放松、再放松一点，相信孩子，信任孩子自己也是希望好好表现的，信任孩子一定有能力做好。我要和孩子一起再接再厉。

【觉察日记】#第5天

见我这几天情绪平和，女儿兴奋地问我：“妈妈，你上课都学什么了？”我笑了笑说：“我学习如何爱你和爸爸。”女儿欢天喜地拍着手对爸爸说：“爸爸你看，一定是上天可怜我们两个，于是安排妈妈上了这个课！”

虽然我清楚女儿是在调侃我，但我觉得她说得有道理。“可怜”这词可能有点太严重了，但说成“上天的恩赐”绝不为过！感恩这样的美好发生在我的生命中，感恩我的改变让孩子的心情和状态有了变化。父母进步一点点，孩子成长一大步。

【觉察日记】#第11天

今天韵韵爸爸从医院拿回了体检报告，一切指标都很正常，我们都非常高兴。可是说到韵韵的数学成绩，韵韵爸爸一下子来了火气。他从同事那里知道，别人家的孩子对20以内的加减法已经非常熟练，而韵韵还在掰手指计算。

我心里开始着急。我学习之后，心情刚放松一点，爸爸又开始拿孩子与别人比较了。我告诉他要尊重个体差异，现在20以内的加减法算得熟练又能代表什么？他说别人家的孩子都很熟练，她也应该很熟练，并且越说越来气，连晚饭都不想吃了。

看着韵韵爸爸“投入”生气的样子，我发现自己的进步挺大，他的样子不就是自己以前的样子吗？以前我训孩子，他就当老好人；现在我进步了，他也忍不住“原形毕露”了呀。看到这里，我忍不住想笑。于是我故意提高嗓门，声音洪亮又欣喜地说：“老公，你说得对，我们不能落后，咱们一起努力，帮助韵韵把成绩提上去。”说完这句话，只见他的语速明显慢下来了。在一旁看热闹的韵韵，听我这么回复爸爸，“扑哧”笑出声来。

学习让我不断觉察，并及时调整自己。回头看，我很欣喜我已经走了很远的路。

……

【觉察日记】#第78天

今天一早，韵韵躺在床上不愿意穿衣服，告诉我她今天不想上学。我心里一紧，怎么还厌学了呢？这还得了？当我觉察到头脑里的声音，我做了个深呼吸，让自己放松下来。

放松之后，我记起温老师在课堂上讲过的扩大视域。遇到问题，不要把焦点集中在孩子不去上学这个点上，要在完全放松的状态下了解原因。

我边帮她拿衣服，边问她："你今天不想去上学，是什么原因呢？"孩子带着哭腔回答："连着几天了，班主任总是占用我们的体育课、美术课，让我们做试卷，在学校就是天天做题。"我抱抱她说："妈妈理解你的感受，老师天天占用其他副科时间让你们做试卷，你很烦躁。因为还有几天就考试了，老师也是希望班里的孩子考个好成绩。这段时间，妈妈努力调整自己的情绪，韵韵在学习上也非常努力，我知道你也期盼着考个好成绩，就让这次考试来见证一下韵韵和妈妈的厉害吧！"听我说完，韵韵的脸上竟然露出了笑容，还说我能参加这个课程真是太好了，让我以后继续去。

我真的无法想象，在我没有改变前，如果孩子说不想上学，我会有多么疯狂、无措。我很庆幸我学习了，并且还可以帮助孩子解决实际问题。孩子无忧无虑的童年本就短暂，而因为焦虑，我们在孩子稍微不合自己的心意时就开始讲道理、责备孩子，却没有想过走进孩子的内心，去了解她到底是怎么想的。当我们稍微做了一点点调整，孩子竟然给了我们那么多的惊喜。日拱一卒，道可通，术可得也。

【觉察日记】#第81天

今晚我开车回家，韵韵好久没犯的旧毛病又来了。她在后座上不停地踢打驾驶座椅后背，这一行为无疑是我愤怒的按钮。这孩子一高兴就手舞足蹈，完全不顾她这样会严重干扰我开车。

我能感觉到高分贝的“你要挨揍吗？再踢就给我滚下去”的话已经到嗓子眼了，但觉察及时制止了我。情急之下，我想起了温老师在课上讲的录像机说话，于是我说：“我看见你在不停地踢座椅！”（愤怒的口气，不合逻辑的语句。她在我后背踢，我压根儿看不到。）原谅我，我只是改变了内容，却没来得及改变语气。我真的真的在尽力“刹车”，但愤怒太凶猛，没完全把控住。

说完之后，说实话我挺没底气的。态度不好，语言不合逻辑，能奏效吗？够呛！瞬间，我们都沉默了。沉默持续了大约5秒钟，孩子说了句：“我没有啊！”我想，完了，多好的一次机会，又被我洪水猛兽般的情绪给毁了。

过了不一会儿，韵韵突然语气平和地说：“妈妈，我再不踢座椅了。”啊！天哪！此处应该有鲜花！礼炮！结局很愉快，我毫不吝啬地表扬了她！觉察到今天自己慢慢能够从后知后觉到边知边觉了。学习让我快乐，我要再接再厉。

【觉察日记】#第93天

最近，韵韵在得到我的关注、肯定、表扬后，她的反应和之前不一样了。

今天下课后，韵韵想在学校门口玩一会儿。我喊了她几次，她都没有回应我，我就在车里等她。过了一会儿，韵韵爸爸忍不住过去催促说："如果你再不走，我们就走了。"

两分钟后，我看到韵韵一脸不情愿地走过来了。我赶紧下车说："哇！韵韵真是越来越有自制力了。"孩子立马笑起来，还说："妈妈，我真是喜欢你。"我能真切地感受到孩子说喜欢我时的真心。和爸爸一比，我感觉我真是进步飞快呀，哈哈。

吃完晚饭，我看到英语老师在群里发布了作业，就跟韵韵说："我现在去刷碗了，平板电脑可以看到8点，然后咱们就开始做今天的英语作业。" 过了一会儿，韵韵对我说："妈妈，我是不是该写作业了？" 我一看时间正好是8点，韵韵心里开始挂念着作业这个事了。这在以前，我说几遍都没用，她还经常装作没听见。

这一天，到这里为止，我感觉一切都那么美好、那么顺利。可到了晚上洗澡时，我竟然又爆发了。我刚给韵韵冲洗干净，她又往身上涂抹沐浴露。时间有点晚了，这时我突然爆发了，狠狠地训斥她浪费时间。说完我就后悔了，可是已经来不及了。对孩子大吼之后，孩子可怜巴巴地看着我说："妈妈，我怎么总让你生气？你都说我好多次了，我怎么还是做不好？"看着韵韵认真又沮丧的表情，我很后悔、很愧疚。我抱抱她，告诉她："你没有问题，妈妈爱你，是妈妈看时间晚了有点着急。"

今天我的咳嗽严重了，晚上胃也揪着疼，我感觉我的身体又透支了，可这些都不是我又伤害孩子的理由。果然旧模式太强大了，今天这一吼，让我感觉前面的努力瞬间清零了。有点沮丧，抱抱自己。

【觉察日记】#第97天

今天，朋友给我看了一道给男性朋友做的题，从分别代表1～4分的特点中选择几项，但总分不超过5分，作为自己选择另一半的标准。比如，漂亮3分，温柔2分，会做饭3分，有钱4分，等等。结果，几乎所有男人的选项里面都有温柔！以前我爸不止一次跟我说，女人一定要温柔之类的，我是很听我爸话的人，每次我爸说完我就下定决心要温柔一点，但遇到事还是非常容易爆发。

今晚和韵韵爸爸吃完饭回到家，我俩在一起聊了很多。他说我最近的变化很大。他说这话时，一脸的幸福感。我想起下午我拎着很多东西，刚要回家时接到他的电话，让我定个晚上吃饭的地儿，提前点好菜。

以前遇到这种情况，我可能会让韵韵爸爸自己订餐厅、点菜，或者我先回家放下东西再安排。这次我立刻回到车上放下东西，订好了座位，还列了菜单跟他沟通确认，又发给酒店确认了所有细节后，才提着东西回家，然后再去酒店。其实这都是夫妻之间很小的事情，但我就想让他从小事中也能感受到我真的在改变。希望有一天在老公和韵韵眼里，我能成为一个温柔、贤惠的人。

【觉察日记】#第100天

记得我第一次参加温老师的课程时，同期的同学之间互称家人。当时我觉得这个称呼有点过于矫情了，可是这一路走来，我们一起哭过、笑过，分享彼此的成长，互相疗愈，彼此共同支持，不是家人又是什么呢？

我们的背景不同、家庭不同、性格不同，甚至各自的追求也不同，可世界就是那么神奇，我们就真的成为家人了。此生，心中又多了一根牵挂的线。

100天觉察日记开启的时候，我其实在犹豫要不要坚持写日记。因为我不确定写觉察日记意味着什么，可当我一天天去觉察自己，看到群里的大家相互鼓励、彼此支持，我的能量瞬间就会满格。哪怕再累、再挫败，看看大家给我的回复和支持，我瞬间就可以满血复活。

到现在，我发现自己随时随地的觉察竟然那么自然。回想过往生活的很多年，我更深刻地理解了什么叫稀里糊涂。今天，我可以清晰地看到自己的情绪，可以明白地知道孩子怎么了，怎么和她说才是有效的。我体会到了育儿的快乐，更感受到了自己一路成长的快乐。

接下来，我会努力理顺所有需要理顺的关系，需要马上行动的事情我会立刻行动，不逃避。天是蓝的，花是香的，女儿是亲生的，老公是我选的。我是一个责任者，我想要的生活可以通过自己的努力来创造。感恩一直包容我、爱护我的家人们，更感恩群里的朋友陪我走过一段不寻常的人生路。

不是所有人都有天生的觉察能力，大部分的人需要刻意练习。成长没有捷径，觉察日记是最简单的让我们走上觉察之路的方式。在这条路上，从刚开始的后知后觉、边知边觉，到先知先觉。随着我们觉察能力的增强，我们才有更多的机会在和孩子沟通不畅时，像韵韵妈妈一样快速“刹车”。如果路是错的，那么停下来就是最大的进步。当我们不断停下来，看清自己想表达什么，思考清楚如何表达自己，我们已经在不断建构新模式，不断固化新模式。

小练习

1.觉察是一切改变的开始。结合这节的内容，试着将你对觉察的理解写在下面的横线上。

2.在觉察—阻偿模型中，我们可以更清晰地看到改变“四部曲”中的“停”“看”“选择”“行动”。通过觉察让自己停下来，才是改变中最重要的一环。回顾今天你和孩子、家人的沟通，你发现在这件事上你还有更好的新模式去沟通和表达。试着用新模式来表达自己，并将内容写在下面的横线上。

3.如果有机会，我想你也会愿意为自己开启一次为期100天的觉察之旅，那就先从完成一个小目标开始吧。此刻，你是否愿意为自己定下坚持一周写觉察日记的小目标呢？如果你愿意尝试，在下面的横线上为自己的7日觉察之旅，写一段寄语吧！等觉察之旅结束时，回过头来再看这段话，相信你一定会有所收获。

Chapter 3 >>>

全然接纳
——营造温馨的亲子沟通氛围

生命是一场接纳的游戏。我们常说“海纳百川，有容乃大”，接纳是我们和孩子沟通的“定海神针”。接纳，对孩子而言，是一份看见，更是一份允许。这份看见和允许背后给到孩子的安全感和踏实感，会拉近我们和孩子的心理距离。关系近了，沟通才有可能性。

疏导“坏”情绪，让情绪自然流淌和消散

我们和孩子沟通的本意，是希望解决问题。但很多时候我们话一出口，已经偏离了我们的本意，根本无法达到我们想要的结果。我们一起来看下面4种场景中，家长说出的话。

场景1：看到孩子丢了水杯

家长A说：“和你说了多少遍，要细心，长长记性吧！”

场景2：看到孩子把蛋糕掉在地上

家长B说：“你看看你，每天毛毛躁躁的！”

场景3：看到孩子写作业慢

家长C说：“刚上小学就磨蹭到10点多，等你上初中可怎么办？”

场景4：看到孩子和同学发生冲突

家长D说：“一天到晚就知道惹事，你要把这个劲头用在学习上，学习成绩早就上去了！”

我想，上面几位家长一定希望自己说完话之后，孩子可以立刻改变这种状态。但当孩子听到这些刺耳的话，很难第一时间积极地去解决自己的问题。

我们常说：感觉好，才能做得好。这些带着责备语气的话，在出口的一瞬间就会让孩子本能地觉得“我不好”。一旦孩子沉浸在“我不好”的情绪中，家长接下来无论说什么，孩子都很难真正听进去。

接纳这种能力，就好比我们内心里的一个按钮。面对孩子的偏差行为，我们快速按下这个按钮，就会有声音飘出来：“是的，事情已经发生了。”我们接纳事实的速度越快，情绪就可以越快地平复。

接纳本身并不能解决实际问题，但接纳之后出现的平和情绪，可以帮助我们很好地解决问题。

比如场景1中的孩子丢了水杯。水杯已经丢了，我们没法再改变这个事实。家长的本意是让孩子长记性，以后不再弄丢东西。当我们说：“和你说了多少遍，要细心，长长记性吧！”孩子听到后会陷入被抱怨的自责、懊恼、压抑，甚至愤怒中。同时，因为孩子受到了家长的批评和指责，他的潜意识会认为“我已经为自己的行为接受了惩罚”。这时，他的内心已经为这件事画了一个句号，就很难再去思考，怎么做来防止这种事情再次发生。

同样的丢水杯的场景，如果一位妈妈说：“我知道水杯丢了你很难过，我小时候也丢过一个口琴，现在想起来我都觉得很可惜。来，宝贝儿，妈妈抱一个，咱们一起来想想，下次出门用什么办法可以保证我们不丢东西。”

当我们与孩子共情，理解并允许孩子犯错，即便孩子有情绪，他的情绪也仅限于做错事的难过或懊恼，而不会有被家长否定的压抑或愤怒。这时孩子消化负面情绪的时间会大大缩短，尤其当孩子感受到家长对自己的理解和在乎，这份温暖可以让孩子快速地从情绪状态进入到理智状态，他才有精力去分析自己的行为，并在自己的行为中有所收获。

这位妈妈和场景1中的家长的不同之处是什么呢?

第一，这位妈妈对丢失水杯这件事是接纳的，她的内心有一个听不到但可以被明显感受到的声音：“是的，事情已经发生了。”第二，这位妈妈很清晰地知道自己要达成的目标，以及用什么样的方式去达成。

接纳，不但可以让孩子的情绪快速好起来，更有助于父母做好情绪管理。两个心平气和的人坐下来沟通，才更有可能达成有效沟通。

茹茹是一名小学四年级的女生。

新学期，她转去了一所新学校。上学回来的第一天，茹茹趴在书桌上哇哇大哭。她告诉妈妈，自己坐在新教室里时，特别想念原来学校的老师和同学。起初，看孩子哭得难过，妈妈一直默默地陪在孩子旁边。眼看着时间一点点过去，茹茹妈妈怕孩子完不成作业，她开始用各种方式哄茹茹开心。

妈妈苦口婆心地说了很久，茹茹却一直沉浸在想念和烦躁的情绪中无法自拔。最后妈妈忍无可忍，大声训斥她说："你怎么哭起来没完了啊！你刚到新学校，作业都完不成，你让老师和同学怎么看你？"听着妈妈近乎吼叫的声音，茹茹擦干眼泪，边哭边写作业。

第二天回到家，茹茹又开始哭。妈妈见她这副样子，做了几次深呼吸后连忙离开了。她担心自己会失控爆发。半小时后，好不容易把自己调整好的妈妈回到茹茹的房间，发现茹茹已经趴在桌子上睡着了……

我想，在这种时刻去接纳孩子，对任何父母来说都是不小的挑战和考验。假如我们不接纳呢，茹茹会不会很快好起来？

也会有这种可能。

假如父母不接纳，大声训斥茹茹，茹茹大概率会隐藏起自己的情绪，不再表达自己的难过和思念。表面上看，似乎一切都好起来了。实际上，孩子只是将负面情绪转化为了内伤。一次，两次，久而久之，长时间习惯性地压抑和隐藏自己的情绪后，茹茹极有可能产生各种心理问题，而这种状态恰恰是当下青少年各种心理问题发生的根源。

父母不接纳孩子的情绪，孩子便会隐藏自己的情绪，而这种情绪在未来会以更猛烈的方式爆发出来。看到这里，茹茹妈妈决定和孩子一起面对转学后的各种不适应。她不断地提醒自己，一定要接纳茹茹在这个特殊时期的所有情绪，让她的情绪自然地流淌过去。

茹茹妈妈先是和各科老师做了充分沟通，反馈了茹茹转学后的状态。老师们纷纷表示理解，并愿意留出时间让茹茹适应新环境。同时，茹茹妈妈联系了原学校的老师和同学们，让茹茹用视频聊天的方式和他们保持情感沟通。

当茹茹得到充分的理解，并且和原学校的老师及同学们建立了情感连接后，她的状态很快恢复正常。尤其当她知道老师甚至允许自己这几天可以不写作业，她更是特别感激老师对她的理解和宽容，这份感激也化为了她学习的动力。

孩子是敏锐的，他可以精准地捕捉到父母是否有接纳的能力，是真接纳还是假接纳。只有父母发自内心地真正接纳孩子，孩子才允许自己的情绪自然流淌，而唯有情绪自然流淌，孩子才有力量去解决问题。唯愿孩子徜徉在父母稳稳且满满的接纳中，绽放出灿烂的生命之光。

小练习

1.接纳本身不解决实际问题，但接纳之后的平和情绪可以帮助我们很好地解决问题。看完本节，试着用比喻的形式表达你对接纳的理解。

接纳就像________________________________

____

____

2.回想你对孩子不太接纳的一件事，你对这件事的接纳程度有几分？（0～10分，10分为满分），在A、B、C、D中选出你的接纳程度在哪个范围中。

A.0～3分　　B.3～6分

C.6～8分　　D.8～10分

将自己不接纳的原因记录在下面的横线上。

____

____

____

3.孩子只有感受到被父母接纳，才能用最快的速度调整自己，并从经历的事件中吸取有用的经验。对于问题2中提到的你对孩子不太接纳的这件事，试着找到你允许孩子这样做的两个理由，并写在下面的横线上。

正视“坏”行为，看清行为背后的真需求

觉察是按下“暂停键”，让我们停下来；接纳是启动“平和键”，提醒我们静下来。接纳不是对孩子无休止地满足，更不是没有力量地讨好。接纳是发自内心地承认事情已经发生，同时也相信孩子会在接纳中变得越来越好。

既然接纳对于亲子沟通如此重要，那么当孩子出现偏差行为，我们接纳孩子就可以了吗？持续的接纳是不是一种纵容？我们到底应该接纳孩子的什么，不应该接纳孩子的什么？

依依是一名小学一年级的女生，她的弟弟上幼儿园中班。

从弟弟出生那天起，依依就非常排斥弟弟，动不动就扔弟弟的东西，还经常偷偷地掐弟弟。每次看到依依欺负弟弟，妈妈都会大声指责依依：“你比弟弟大两岁，为什么你不知道让着弟弟？！再

让我发现你欺负弟弟，别怪我揍你！”

弟弟在一天天长大，但他看姐姐时小心翼翼的样子时常刺痛妈妈的心。妈妈多么希望依依能够给弟弟一点温柔，让弟弟感受到被爱、被呵护。可随着依依长大，她对弟弟的态度非但没有一丝好转，反而越来越差。

这天，弟弟不小心用了依依的水杯，她一把将弟弟推倒在地，弟弟顿时大哭起来。看着霸道的依依和委屈的弟弟，依依妈妈感受到深深的无助和沮丧。

当依依妈妈在父母课堂上听到“接纳”这个词时，她惊讶地说：“接纳她？我做不到，我真的做不到。我用了5年时间提醒她让着弟弟，她都任性成这个样子。如果我还接纳她，她不是更无法无天吗？”

依依妈妈的担心不无道理。是啊，依依不知道让着弟弟，老打弟弟，父母再去接纳她，那不是宠溺吗？依依会不会蹬鼻子上脸，更加不知天高地厚？

随着课程的深入，依依妈妈意识到，接纳孩子本身和接纳孩子的行为是分开的。

接纳孩子，是我们发自内心地相信孩子今天的状态一定是有原因的。只有接纳了，我们才有机会真正面对并解决问题。“是的，我一不小心把女儿培养成了这个样子，我完全接受她现在的状态。”依依妈妈在经过了漫长的思想斗争后，终于做出了以上总结。

是的，接纳可以让我们平和下来，停止挣扎和抱怨。

在课程中，妈妈开始深入思考依依性格的成因，她想起了弟弟出生后依依的变化。

弟弟出生后的那段时间，依依被送到姥姥家整整一周，那会儿依依只有两岁。听姥姥说，依依每晚都哭得撕心裂肺，怎么哄都不睡，大哭着叫喊："妈妈，妈妈……"也就是说，从弟弟出生那刻起，依依就感受到了巨大的恐慌、烦躁和不安全感。

尽管无法准确地表达自己到底怎么了，但依依潜意识中把弟弟的到来和"负面情绪"联系在一起了。"你来了，我没有妈妈陪""你来了，带给我巨大的痛苦"，伴随着心中的这些声音，依依长大了。尽管依依的身体在慢慢长大，但她的情感需要一直停留在两岁时那个受伤的时刻。依依说不清自己具体因为什么讨厌弟弟，但只要看到他，她就会烦躁和愤怒。

过往没有被看见、没有被处理的负面情绪，都会沉入我们的潜意识。尽管大脑可能已经不记得当时发生了什么，但身体和情绪一直记得。这就好比一个孩子在两岁时被狼狗吓到过，从此以后他只要看到狗，不管大小，都会紧张、害怕。长大成人后，看到狗他依然会紧张、害怕。尽管他可能已经不记得当时发生的事情了，但事发时他的情绪感受和身体感觉却被潜意识完整地保存下来。在类似的场景出现时，潜意识的保护机制会瞬间唤醒我们的情绪感受和身体感觉。

依依对弟弟各种不满的背后，恰恰是她潜意识中沉淀了太多对弟弟的敌对情绪，而这些情绪迟迟没有得到合理的疏解和引导。

依依妈妈回想起以前批评依依时，她沮丧和害怕的眼神。这么多年，自己非但没有真正地帮助依依从对弟弟的负面情绪中走出来，反而给孩子增加了许多负面情绪。想到这里，依依妈妈忍不住流下了心疼的眼泪。

在做了充分的准备后，爸爸妈妈为依依精心策划了她的7岁生日会。

生日会上，弟弟给依依准备了一份她最喜欢的心形巧克力，并对姐姐做了一次真情告白，最后弟弟告诉依依："姐姐，有你做我的姐姐，我很幸福。"第一次，依依妈妈看到依依万般宠溺地摸着弟弟的头，把弟弟紧紧地搂在怀里。原来依依一直深深地爱着弟弟，只是她内心深处强烈的不安全感让她一直将这份爱封存着。

这么多年来，妈妈为姐弟俩的关系做了那么多努力，但她却从来没能理解依依到底在表达什么，她真正需要的是什么。依依一直在呼唤爱，却从未体验到被爱。**一个从未被这个世界真正爱过的人，如何有能力爱这个世界？**

生日会上，依依的爸爸妈妈分别表达了对依依的亏欠。"在弟弟出生的那一周，妈妈和爸爸都在医院，就把你放在了姥姥家。看不到爸爸妈妈的你，当时一定很紧张、很害怕吧。宝贝，我爱你。"听完，依依的眼睛里闪着泪花。尽管她已经不记得弟弟出生时她在姥姥家的场景，但爸爸妈妈的话抚平了她长久以来的害怕、委屈和愤怒。她静静地趴在妈妈的怀里很久很久……

爸爸妈妈的这段动情表达属于完形疗法中的完形，就是为一件未完结的事情画一个句号。**一件事情发生了，我们有情绪了，这份情绪就卡在了我们的身体中。**如果我们迟迟没有面对这份情绪，它就一直卡在我们的身体中；当我们面对它、表达它，卡在身体中的情绪才会自然地流淌过去。

有些时候，只有接纳还远远不够，我们更要在接纳的基础上，帮助孩子纠正不恰当的行为。这让我想起儿子洋洋在五年级时参加元旦同乐会时的情景。

为了和同学在同乐会当天分享零食，洋洋提前一周列了一张长长的采购清单，并分3个地点进行采购，我能强烈地感受到他对同乐会的期盼。同乐会当天，通过群里分享的照片，我感受到了活动的热烈和孩子们的满心欢喜。

晚上回到家，我第一时间去找洋洋。意外的是，洋洋正一脸沮丧和不快地躺在床上发呆。看到他，我问："洋洋，今天同乐会过得怎么样？"他郁闷地说："妈妈，看我的样子你就知道不怎么样了。"我告诉他："在你脸上我看到了沮丧，要不要和我说说发生了什么？"

在他的描述中，我了解到，活动前期他一直很开心，但最后大合影之后，他发现自己的玩具被别人拿走了。原来的拼插玩具不见了，取而代之的是一个毛绒玩具。

洋洋发现自己的玩具不见后，连忙开始寻找。他先是小范围地问周围的人，但没有人回应。另外，让他无助的是，班里分到同样玩具的人有四五个，所以即便看到别人拿着和自己同样的玩具，也无法判断是不是自己的那个。

就在一瞬间，洋洋突然抓起自己桌上的毛绒玩具，愤怒地扔在了地上。周围的同学纷纷上前拉住他，七嘴八舌地说："玩具被换了就换了呗，这样破坏节日的氛围多不好。"原本愤怒的洋洋，被责备后既懊恼又担心，担心同学、老师、义工阿姨对自己有看法。

听完，我能感受到他沉重的心理压力。我在想，如果这件事情发生在我身上，我又会如何处理呢？或许，我会忍气吞声，告诉自己要宽容一点；或许，我会告诉老师，让老师帮我处理；又或许我和他一样，会生气地将玩具扔在地上。

当我这样思考时，我意识到洋洋面对自己的玩具被换走这件事，他是生气的，他选择了表达自己的生气，但他表达的方式出了问题。而这个年龄段不正是孩子学习如何表达自己情绪的黄金期吗？作为妈妈的我，是否愿意给孩子时间学习如何更好地表达自己的情绪呢？当我厘清了头绪，我知道接下来从哪里切入和洋洋沟通这件事了。

我首先给了洋洋三个肯定：第一，他认识到自己错了，说明他有很强的自我反省能力。第二，他能够信任我，第一时间将发生的事情如实地和我说。第三，我肯定了他生气的情绪。我告诉他，如果这件事发生在我的身上，我也会生气。

我一边梳理自己，一边和洋洋沟通，过程中我感受到他慢慢放松下来。这时我问他："你已经意识到这种表达生气的方式不妥，如果以后发生类似的情况，你会如何表达自己呢？"

洋洋在思考后，总结了三条：

一、忍住情绪，回家后和大人说。如果特别喜欢那个被人换走的玩具，就再买一个。

二、提高一下询问的声音，让更多的人知道自己的玩具被换了，让大家帮助自己。

三、提醒自己深呼吸，用幽默的方式表达自己东西被人换走的郁闷和烦躁。

整个过程中，当洋洋抽离出来看自己，他已经开始思考更多的解决方案。抛开方案的好坏，我知道当他有了这样一个思考的过程，在下次遇到类似的情况时，他会更灵活地处理问题。只有这样，他才有机会在一次次经历中总结自己，让自己成长。

面对孩子的激烈情绪，大多时候我们会非常恼火。"当着这么多人的面，你太给我丢人了！"我们带着这样的声音，认为孩子给自己丢了面子，这时我们已经被恐惧裹挟。**当我们带着深深的恐惧和孩子对话，我们已经不再是为解决问题而沟通，而是为了表达自己的情绪而沟通。**处于情绪中的我们，不但无法帮助孩子摆脱负面情绪，更无法引导孩子从中学习。

当我们能够接纳孩子的状态，默默地对自己说："是的，事情已经发生，我接纳孩子现在的状态。同时我也知道，孩子出现这样的状态我也是有责任的。”当我们按下“接纳键”，我们才有机会让自己真正静下来，才有机会明确沟通的方向。

作为父母，我们不可能给孩子一个一帆风顺的人生。我们可以做到的是，哪怕孩子表现得再糟糕，我们依然可以用接纳的力量将孩子高高地托起。哪怕孩子在最沮丧、最无能的至暗时刻，我们依然能用接纳的力量告诉他：“孩子，事情已经发生，无论发生什么，我都陪在你身边。”**教育就是要让孩子对未来充满希望，而接纳本身是对孩子最大的鼓舞。**

小练习

1.找到孩子身上你不能接纳的一个行为，把这个行为写在下面的横线上。

____

____

____

2.每个行为背后必有其原因。默默地对自己说："是的，事情已经发生。"试着帮孩子找到偏差行为背后的原因，并将可能的原因写在下面的横线上。

____

____

____

3.当你完全接纳了孩子的这个偏差行为时，再去和孩子沟通。你会和孩子如何沟通呢？将你接下来沟通的步骤简要写下来。

首先，______________________________

其次，______________________________

最后，______________________________

拥有等待的智慧，不打扰孩子的成长节奏

接纳是我们和孩子沟通的镇静剂，但并不是所有事情在我们接纳之后，都可以得到有效解决。更多的时候，在接纳的基础上，我们还需要有等待的智慧。

儿子洋洋上小学一年级那会儿，隔几天就向我哭诉，同学帅帅经常在课间休息的时间联合其他小朋友孤立自己，不和自己玩。

有一天，洋洋召集了几个同学一起玩游戏，但帅帅执意让这几个同学加入他的游戏，结果大家都跟着帅帅跑了。说到这里，洋洋已经泣不成声，他哭着说："妈妈，他为什么总是这样？"

看着洋洋委屈、无助又沮丧的表情，我想或许在这件事上他需要我的帮助。于是我问："洋洋，你是否需要我做些什么呢？"他想了想说："暂时不需要你做什么，其实你也做不了什么。你就这

样陪陪我就行了……”

我就这样陪着他聊了很久，同时我也了解了更多洋洋和帅帅在学校的事。在洋洋的描述中，我能感受到他对帅帅的欣赏，他很想成为帅帅那样的“带头人”，但苦于自己能力有限，总是无法做好。看着他挫败和烦闷的样子，我本想给他一些建议，但我还是管住了自己，我想我说出的建议并不一定适合他在学校的具体情况。那天，我和洋洋约定，帅帅的事情交给他自己解决，交给时间。如果需要我，我随时都在。

那次谈话之后，在很长一段时间里，洋洋依然隔三岔五地和我表达他和帅帅相处的苦恼，有时候是愤怒，有时候是沮丧，有时候他甚至会无助地哭鼻子。每次抱着洋洋，看着他无助又难过的样子，我经常会有帮他快速改变这种状态的冲动。但每一次，我都会拉住自己——你无法帮助他，你更无法帮他成为他想成为的“带头人”。你能做的只有接纳和等待。

二年级下学期的一天，洋洋放学回家后兴高采烈地告诉我：“妈妈，我找到了和帅帅相处的最好途径了。既然他喜欢做主，这次我干脆加入了他组的队。帅帅也很高兴我能加入，我们一起玩得很开心。”

看着两眼放光的洋洋，我惊喜地问：“告诉我，你是怎么想到这个好主意的？”只见他一脸骄傲地告诉我：“这个其实很简单。

我们俩都有自己的小队，今天我就试了试加入他的队。”

那一刻，看着心满意足的洋洋，我感叹时间带给他的成长。如果一年前我告诉洋洋：“哭什么哭，既然你无法和帅帅对抗，加入他不就好了。”那个时候的他不一定能做到，能做到也不一定愿意去做，而当他在一次次尝试中最终自己解决了这个“难题”，他才能真正体验到成长的成就感。

孩子之间有自己相处的智慧，他们会在磨合中找到和对方相处的最好方式。一旦父母过度参与，反而会扰乱孩子内在成长的秩序，阻碍孩子内在智慧的生发。选择等待并不容易，过程中我们可能会有摇摆，会有焦虑。尤其在这个讲究效率的时代，明明知道孩子走的是“弯路”，却只能看着孩子在“弯路”上走，就变得更加有挑战。更大的挑战在于，有时我们对孩子的接纳并非一时或者一个阶段的功课，而是持续一生的功课。

博文今年上大学一年级。从小到大，博文都是爸爸妈妈眼里的乖孩子，而博文也不负众望，以优异的成绩考入了一所知名大学，学习会计专业。

第一个学期后，博文告诉父母他不喜欢会计学，他要重新参加高考，学建筑专业。

第一次听博文这么说时，妈妈觉得这不过是孩子的一时兴起。

但当博文告诉妈妈，他已经办理了退学手续，准备这几天回家时，妈妈像疯了一样，在电话里劈头盖脸地将博文骂了一通。她甚至“威胁”博文，如果真的退学，以后她就没博文这个儿子。然而，一切的指责和威胁都没有改变博文退学回家的事实。

博文刚回到家的那段时间，妈妈天天以泪洗面。

妈妈想不明白，别人想方设法抵达的地方，博文明明已经抵达了，为什么要再来一遍？更恐怖的是，他竟然要学习建筑，这和自己从小给博文做的规划差之千里。

博文妈妈无法说服自己，更无法接受博文的鲁莽行为。她甚至开始觉得自己命苦，摊上了博文这样一个“逆子”。不到两个月的时间，博文妈妈的白发明显增加了很多，整个人无精打采、神色黯淡。

在咨询室里，博文妈妈一遍又一遍地问：“博文为什么会这样？”“博文这是怎么了？”“他为什么要这样折磨我？”

大家来感受一下，博文妈妈在问“为什么”时，她是什么心态？是的，她是在深深地质疑，她觉得事情不应该是这个样子。这就好比一个突然被医生宣告得了肿瘤的人，他会瞬间质疑：“怎么会这样？”“这怎么可能？”“我是个好人，命运怎么可以和我开这样的玩笑？”病人质疑的时间越久，就越耽误治疗的时机。只有当病人安静下来，告诉自己“是的，事情已经发生了”，他才能更快地接受治疗，更好地控制病情。

当博文妈妈意识到自己无法改变博文的想法时，她变得非常消沉和悲观。她拒绝和博文有任何沟通，更不允许爸爸和她讲任何关于博文的消息。

我给博文妈妈讲了这样一个故事。

从前有一位王子，他在踏上人生旅途之前，问他的老师：“我未来的人生之路将会怎样呢？”

老师回答说：“人生之路上，你将会遇到三道门，每道门上都写着一句话，到时候你就明白了。”

于是，王子上路了。

不久，他遇到了第一道门，上面写着：“改变世界。”

王子想：我要按照我的理想去规划这个世界，将那些我看不惯的事情统统都改掉。于是，他就这样去做了。

几年之后，王子遇到了第二道门，上面写着：“改变别人。”

王子想：我要用美好的思想去教化人们，让他们的性格向着更正确的方向发展。于是，他就这样去做了。

又过了几年，他遇到了第三道门，上面写着：“改变你自己。”

王子想：我要使自己的人格变得更完美。于是，他就这样去做了。

后来，王子又见到了老师，他对老师说：“我已经跨过了我人生之路上的三道门，也看到门上写的启示了。我知道，与其改变世界，不如改变这个世界上的人；与其改变别人，不如改变自己。”

老师听了微微一笑，说：“也许你现在应该往回走，再回去仔细看看那三道门。”

王子将信将疑地往回走。远远地，他就看到了第三道门。可是，和他来的时候不一样，从这个方向看过去，门上写的是“接纳你自己”。王子这才明白他在改变自己时，为什么总是处在自责和苦恼之中，因为他拒绝承认和接受自己的缺点，所以他总把目光放在他做不到的事情上，而忽略了自己的长处。

于是，他开始学习欣赏自己、接纳自己。

王子继续往回走，他看到第二道门上写的是“接纳别人”。

王子这才明白他为什么总是满腹牢骚。因为他拒绝接受别人和自己存在的差别，总是不愿意理解和体谅别人的难处。于是，他开始学习宽容待人。

王子又继续往回走，他看到第一道门上写的是“接纳世界”。

王子这才明白，他在改变世界时为什么连连失败。因为他拒绝承认世界上有许多事情是人力所不能及的，他总是强人所难，控制别人，而忽略了自己可以做得更好的事。

于是，他开始学习以一颗宽广的心去包容世界。这时，他的老师已经等在那里了，他对王子说：“我想，现在你已经懂得什么是和谐与平静了。”

听完“三道门”的故事，博文妈妈若有所思。她似乎意识到，她对儿子所有的安排中，有太多自己对世界、对他人的期待。每个人来到这个世界尚且不易，如果一生都活在别人的安排里，那我们来这个世界的意义又是什么呢?

“以一颗宽广的心去包容世界”，当博文妈妈有了这样的想法，她不再把自己所有的期望都放在儿子身上，而是有意识地将焦点收回自己身上。她开始健身、美容、品茗、插花……随着她越来越关注自己，她的内心也变得越来越平静，而她眼里的“逆子”也在他自己的努力下考取了建筑学专业。更让妈妈释然的是，当博文卸下妈妈对他的期待，他也开始真正地为自己而活，开始为自己的人生负责。

对博文妈妈来说，从“知道”到“做到”的这条接纳之路，漫长且不易。只有自己走过，她才知道这份接纳对于自己和孩子意味着什么，她享受孩子给自己带来的这份挑战，更感恩自己因此走上了接纳自己的路。透过接纳他人和世界，我们每个人都在实现接纳不完美自己的路上。我看到满眼温柔的父母坐在孩子旁边，拉着孩子的手，静静地说：“孩子，你在那里，我看见你，你现在的样子就是你应该有的样子。谢谢你让我借由接纳你，成为更加美好的我自己。”

小练习

1.回想从小到大，父母对你支持力最大的一件事情。在这件事情上，你之所以能感受到支持力，一定是父母给予了你满满的接纳。请把这件事写在下面的横线上。

2.当你回看这件事，你从父母身上学到了什么呢？

3.我们这一生，从改变世界，到改变他人，再到改变自己，一路摸爬滚打，花了很多时间去搞定这世界，到头来才发现，其实这世界是不需要被搞定的。我们只需要静静地接纳发生的一切。从今天起，找到你愿意接纳自己的一件事，并将它写在下面的横线上。

向内探索自我，拥抱不完美的自己

作家张德芬说过一句话："亲爱的，外面没有别人，只有你自己。"**我们对世界和他人的不接纳，其实都源于我们无法真正地接纳自己。**

倩倩的女儿今年上六年级，她最不能忍受的是女儿不讲卫生。女儿回到家后，经常手都不洗就窝在沙发上吃东西，没有换睡衣就在床上打滚，没有洗漱就躺在床上睡觉……更让倩倩崩溃的是，女儿不讲卫生的样子简直和她爸爸一模一样！

因为女儿的这个坏习惯，倩倩没少责骂她。但这么多年，女儿不但没有改掉坏习惯，还开始和妈妈顶嘴。

这天，女儿又没有洗漱就睡了。倩倩愤怒地将女儿叫醒并把她揪起来。谁知女儿挣脱了倩倩的手，恶狠狠地对她说："全家人就你爱干净，我今天就是不洗漱，我要睡了，请你不要打扰我！”

那一刻，看着表情恶狠狠的女儿，倩倩一下怔住了。恍惚间，有个声音在提醒她：“如果你再不改变，别说让孩子听你的话，恐怕连母女关系都要破裂了。”带着对女儿的不满和失望，倩倩开始了父母课程的学习。

开始学习后，倩倩很快意识到，问题的根源其实并不是女儿，而是她对爱人的诸多不满。在对爱人所有的不满中，最让倩倩介意的就是他不讲卫生。穿过的衣服随手就扔，不提醒就不知道换睡衣，经常不洗漱、玩着手机就睡过去……

这时，我问倩倩：“你对孩子和爸爸有严格的要求，对自己呢？”倩倩马上回答说：“我绝对不允许自己不讲卫生，我厌恶和嫌弃不整洁的状态。”

当我们内心有个标准时，就好比手握一把尺子，随时丈量着这个世界。哇，你很好，你符合我的标准！天哪，你不好，你不符合我的标准！当我们的内心过度追求某种标准，恰恰说明这是我们自己所缺少的。自己越是缺少什么，就越是关注什么。看上去是倩倩妈妈不接受爸爸和女儿不讲卫生，其实是因为她不允许自己不讲卫生。

当一个人可以坦然地面对和接纳自己的某个缺点，他才能够心平气和地接受这个缺点出现在周围人身上，才不会在问题发生时出现“过度”反应。一旦出现“过度”反应，我们会带着强烈的负面情绪说出很多言不由衷的话，伤害周围亲近的人。这时的表达非但不能解决问题，反而越来越强化这个问题。这也是为什么在孩子出生后十多年中，倩倩一直在努力地解决这个问题，却始终没有发生真正的改变。

倩倩为什么对不讲卫生这件事有这样的“过度”反应呢？随着父母课程中一个个练习的逐渐展开，倩倩小时候的家越来越清晰地浮现在她的面前。

倩倩家有兄妹三人，她还有一个姐姐和一个弟弟。爸爸是一位普通的农民，妈妈是一位小学老师。妈妈干净又整洁，记忆中似乎爸爸做任何事都达不到妈妈的要求。

回想起童年往事时，倩倩看到一幕幕妈妈指责爸爸乱扔东西的场景。每次爸爸妈妈吵完架，爸爸就坐在沙发上一根接一根地抽烟，而妈妈就坐在床上委屈地流泪。

这个时候，倩倩就会在惊恐中收拾房间。她每收拾一个地方都会胆战心惊，生怕一不小心又惹得妈妈暴跳如雷。让她印象最深的一次是，爸爸妈妈吵架之后，倩倩一边偷偷抹眼泪，一边将妈妈教学十多年来积攒的所有学生的期中、期末的考试试卷整理了一遍，看着一沓沓整齐的试卷，倩倩甚至能看到妈妈笑盈盈的脸……

果然，妈妈表扬了倩倩。从那时起，倩倩对整洁的追求变得近乎苛刻。她时刻绷着一根弦，不允许自己有丝毫怠慢。她没有意识到的是，也是从那时起，收拾房间对她而言不是因为喜欢，而是因为深深的恐惧。

这些年来，倩倩在朋友圈里是出了名的做事认真、干净整洁，倩倩一直觉得自己就是随妈妈，但她从来没有意识到，她执着于干净整洁的背后，是她深藏在童年里深深的恐惧。

带着自己对不干净、不整洁的恐惧，倩倩开始在生活中不断地和自己对话。

她试着把自己放在稍微杂乱的空间里。起初，那种压抑和烦躁让她心跳加快，她唯一能做的就是紧闭双眼。几次之后，她可以保持眼睛睁开，真切地感受自己烦乱的呼吸、急促的心跳和紧张的身体。她僵硬的小腿甚至在努力地提醒她赶紧逃离，但每一次她都深呼吸让自己稳定下来，然后看着满地狼藉的现场告诉自己：我是安全的，我允许自己是不干净、不整洁的。

她紧张的身体和情绪在一次次体验中慢慢地有所缓解，倩倩也开始感受到前所未有的放松。倩倩放下恐惧，与爱人和孩子做了一次正式的沟通。她承认，因为对自己的不接纳，她把这份不接纳强加给了他们两个。在请求谅解的同时，她也满心欢喜地说："从今天起，你们解放了，我再也不关注你们了！"

让倩倩感到不可思议的是，当她放下对不讲卫生的过度关注，她发现爱人和孩子在放松的状态下可以很好地保证整洁的状态。这时，倩倩才明白过来，一直紧张的自己给家庭营造了一种焦虑的状态。在焦虑状态的家庭中，家庭成员要么压抑自己，要么愤怒反抗。看到这里，倩倩不禁庆幸，借由接纳自己，她也接纳了爱人和孩子。否则，不但她和爱人的关系危机重重，女儿也极有可能成为下一个自己。

所有我们对孩子的不接纳，背后都藏着我们对自己的不接纳。面对我们不接纳孩子的某个行为，放下向内探索自我，总是向外寻找答案，是在缘木求鱼。只有不断面对自己的内心，看到自己内心的恐惧，我们才能在一次次自我接纳中疗愈自己，才有机会真正帮孩子解决问题。

小练习

1.从小到大，你最不接纳自己的什么？（比如，相貌、身高、体型、性格，等等。）试着把想到的写在下面的横线上。

2.是什么原因让你不接纳自己的这一点呢？

3.自己越是缺少什么，就越是关注什么。针对自己不接纳自己的这一点，找到可以接纳自我的1～3个理由。将这些理由写在下面的横线上。

为情绪调频，看见并表达正面动机

当我们想和孩子沟通，我们的头脑里会出现一个声音，它一直在问“为什么”。为什么这种事要发生？为什么事情会这样？为什么事情总是不能如我所愿？当我们能听到很多“为什么”时，说明我们处在不接纳的状态。因此，每次沟通前，我们可以像扫描仪一样扫描一下自己的大脑。当这些声音退去，我们才有机会和孩子好好沟通。

尚尚是一名小学三年级的男生。他活泼好动，非常阳光，平时喜欢敲架子鼓、滑滑板车，小小年纪就会用电脑剪辑视频。一直以来，尚尚都让妈妈引以为傲。

尚尚8周岁生日这天，妈妈邀请了尚尚的三位同学及其家长来参加生日会。去酒店的路上，不知道什么原因，尚尚和其中一位同学发生了激烈的冲突。尚尚情绪激动地大喊大叫，一边喊叫，一边扔东西。

妈妈连忙问发生了什么，但尚尚什么都不肯说。妈妈指责尚尚说：“同学是来为你庆祝生日的，你不可以这样无礼地对待朋友。”正在气头上的尚尚根本听不进去，他顺手拿起自己旁边的一把细长的木剑，狠狠地把剑掰断了。这下不得了了，木剑是和尚尚起冲突的那个同学的，他看到自己心爱的木剑被掰断，顿时号啕大哭。

这时的尚尚妈妈已经出离愤怒了，她扬起巴掌打在了尚尚的屁股上……

当尚尚妈妈回忆起这个场景，她一直很烦躁地在问“为什么”。为什么儿子会无理取闹？为什么原本高兴的生日会变成这个样子？

当带着无数个“为什么”和孩子沟通时，我们其实在用受害者的心态和孩子讨回公道。我们企图用指责、惩罚、打骂等方式来告诉对方：你不应该是这个样子！你为什么是这个样子？你难道不知道你已经伤害到我了吗？

如何让沉浸在“受害者”心态中的我们安静下来呢？最好的方式是为自己创造一句“咒语”。面对孩子带来的挑战时，不如兴高采烈地对自己说：“哇，成长的机会又来了！”

尚尚妈妈试着把心态从“为什么”转为“哇，成长的机会又来了”，她瞬间感受到自己有了力量，这力量让她有了重新面对并解决事情的勇气。

于是她带着好奇问尚尚：“尚尚，那天发生了什么让你突然生气了呢？”原来，冲突的起因是同学在车里吃东西，而妈妈平时是不允许尚尚在车里吃东西的。尚尚劝阻同学，但他不听，一气之下尚尚开始抢夺同学手里的零食，同学在躲闪过程中用胳膊肘打到了尚尚的脸。

疼痛之下，尚尚非常后悔邀请了这位同学。他在想，为什么自己会邀请这样的同学来参加生日会？并且越想越生气。

听到这里，尚尚妈妈惊讶地发现，原来在尚尚爆发的情绪背后，也藏着一个深深的“为什么”。他不接纳自己有这样的朋友，更不接纳自己邀请了这样的朋友。了解了事情原委的妈妈，和尚尚约定了一句“咒语”，提醒自己在出现情绪时，第一时间告诉自己：“一切都是最好的安排。”

经过一段时间的刻意训练，尚尚和妈妈有了足够的默契，他们经常相互提醒对方“一切都是最好的安排”。

在创造“接纳性咒语”的基础上，我们还可以透过孩子的行为看到其行为背后的正面动机。

扬扬是一名小学五年级的男生。每周五晚上是他的家庭会议时间。这天的家庭会议上，平时忙碌的爸爸竟然准时出现了，扬扬和妈妈都很惊喜。

家庭会议在彼此的感恩中开启了，大家对上周生活中发生的事进行了总结。可能是爸爸喝了酒，也或许是他好久没有参加家庭会议了，他特别想抓住机会好好表现一下。

结果，爸爸越说越激动，越说声音越高。从“我认为扬扬写作业的速度还可以再提高”“这个年龄，最起码要把自己的房间收拾得井井有条”到“回到家鞋子随便一扔，地上乱成什么样子”，再到“你都多大了，吃完饭还不知道收拾餐桌”……一时间，原本温馨的家庭会议，被爸爸搞成了一场“批斗会”。

正当爸爸喋喋不休时，扬扬“噌”地从椅子上站了起来。没等爸爸和妈妈反应过来，他已经回了自己的房间，“啪”地将门关上了。爸爸见状就要追上去揍扬扬。妈妈顺势拉住了爸爸，建议他先安静一会儿再说话。

此刻，扬扬妈妈非常清楚扬扬和爸爸各自处于什么情绪状态。

她知道，爸爸一直对扬扬的生活习惯不满意，担心扬扬长大后还是这个样子，生活一团糟。爸爸的唠叨，背后有他对儿子深远的爱，只是他的表达方式欠妥当。而扬扬呢？他本来看到爸爸参加家庭会议很高兴，他期待爸爸可以表扬自己。可爸爸不但没有表扬自己，反而长篇大论地批评了自己，这让扬扬陷入深深的自我否定中。在这种烦躁和失望中，扬扬逃离了“批斗”现场。他的举动，表面上看是叛逆、不尊重爸爸，实际上，他只是不知道如何向爸爸表达自己烦躁、失望的情绪，所以只能“逃走”。

当扬扬妈妈将自己“看到”的一切告诉爸爸，爸爸紧皱的眉头舒展开来。他自我解嘲地说：“就冲你对我的这份理解，我这会儿就给儿子道歉去。”

扬扬看到爸爸笑呵呵地走过来，瞬间也放松了很多。他给爸爸讲了这段时间以来自己的进步，说自己已经在改变了，但爸爸还盯着他做得不好的地方，这让他十分沮丧和烦躁。同时，他也对自己不尊重爸爸的举动道了歉。

扬扬妈妈静静地看着丈夫和孩子，这个瞬间，她体会到了接纳的力量。她之所以能够做到接纳，恰恰是因为她在丈夫和孩子身上看到了他们的正面动机。当我们透过这些不恰当行为，看到并说出对方的正面动机，对方就能感受到被爱、被理解，他会更愿意做出改变。

在和孩子沟通前，我们不妨常用“接纳性咒语”和“看到行为背后的正面动机”为自己的情绪调频。**当我们带着接纳，将情绪调频到平和状态，不起抗拒、不生烦躁，我们才有机会让这份情绪自然地流淌过去，让有效沟通成为可能。**

小练习

1.试着开一次家庭会议，制定属于自己的“接纳性咒语”吧！

爸爸：____________________

妈妈：____________________

孩子：____________________

2.找到孩子的一个不恰当行为，帮助孩子找到不恰当行为背后的正面动机，将它写在下面的横线上。

3.当你找到问题2中的正面动机，你决定和孩子沟通一下这个不恰当行为。你会和孩子如何沟通呢？将沟通的思路简要地写在下面的横线上。

Chapter 4 >>>

明晰边界
——建立和孩子真正的情感链接

边界力是明晰“我”和“你”之间界限的一种能力。一个没有边界力的人会时不时邀请他人跨入自己的私人领地，又时常把自己的意愿强加于他人，强行跨入他人的领地。没有边界力的父母，对亲子关系是摧毁性的。在这种关系中，只有委屈的父母和压抑的孩子。

事事经手，“听话”的孩子看不见“自己”

父母在有边界的前提下给孩子制定规则，孩子“听话”并不是听“父母的话”，而是认同“父母的话”背后的规则。**父母没有边界，却努力地想培养一个“听话”的孩子，就非常容易进入一种“控制”状态。**英语里有这样一句话：“别碰我的派！”（Don't put your fingers in my pie！）很多时候，父母站在孩子的“领地”里说三道四，却不允许孩子有自己的主张。这种状态下，父母其实是以爱之名，用专断的方式在控制孩子。

暑假的“生命动力”特训营安排了早操。尽管已经是7月了，青岛的清晨还是比较凉。

出发做早操时，助教老师会提醒孩子们穿上薄外套。这天的早操时间，随着太阳越来越高，欢蹦乱跳的孩子们不一会儿就出汗了，他们纷纷脱掉了外套。

这时，我留意到四年级的小鑫满头大汗，于是提醒他将外套脱掉。小鑫迟疑地看着我，想了想说："温老师，我不热。我妈妈说了，早上不热。"

看着满头大汗、满脸通红的小鑫，我本能地想告诉他：你的身体会提醒你是冷还是热，你要相信并听从身体的感觉。但我停了停，没有说话，我在想小鑫所表达的信息应该是妈妈平日里和他互动的冰山一角，而妈妈对他的"控制"绝不仅仅体现在穿衣上，一定是多方面、全方位的。模式最大的特点就是，一旦形成，便会延伸到生活的方方面面。

果然，吃早餐时小鑫突然哭起来，他身边的同学和助教老师纷纷围上去询问原因。

小鑫一边哭，一边看着餐桌上的鸡蛋，情绪激动地说："老师，我不想吃鸡蛋！我不想吃鸡蛋！"助教老师马上告诉他："除了鸡蛋，还有很多其他的食物，你选自己想吃的就可以。"但老师说完后，小鑫并没有放松，他一边抹眼泪，一边说："可是我妈妈要求我每天早上必须吃两个鸡蛋。我现在看到鸡蛋就想吐！"

现场的孩子们被小鑫逗笑了，以为他在开玩笑，便七嘴八舌地说："你不想吃就不吃呗！""就是就是，反正你妈也不知道！""让助教老师跟你妈妈说你吃了鸡蛋，我们都给你保密！"

看着小鑫痛苦的眼神，听着孩子们安慰小鑫的话，我陷入了沉思。

每个孩子都天然地信任自己的父母。

妈妈说早上天气凉，小鑫相信了。但妈妈没有告诉他，一般情况下青岛的早上是凉的，但也要分情况。最好的状态是听身体的，身体会提醒你冷热，冷了加衣服，热了脱衣服，你要相信你自己。妈妈说早餐要吃两个鸡蛋才能保证一天的营养，小鑫也信了。但妈妈没有告诉他，如果哪天不想吃鸡蛋，也有很多其他的方式来补充营养。

妈妈没有说出的话，恰恰是她自己都看不到的“盲区”。也正是因为有“盲区”，我们才会固执地认为我们说出的话就是真理。正因为我们坚定地相信自己所说的就是“真理”，当我们给孩子传递这些“真理”时，我们的语气不容置疑，孩子更是将它奉为圭臬。

在这种状态下，如果父母的思维不改变，也就是困住孩子的根源没有改变，只是简单告诉孩子“你应该脱衣服啊”“你可以不吃鸡蛋啊”，这非但无法帮孩子解决问题，反而让孩子陷入矛盾和混乱中，让孩子更纠结、更痛苦。这样，我们就比较容易理解为什么即便妈妈不在小鑫身边，他选择哭却不敢不吃鸡蛋。小鑫哭是因为他痛苦，他痛苦是因为他不能不听妈妈的话。

为人父母，我们都期待孩子能听我们的话，从而少走一些弯路。那么，对小鑫而言，我们需要帮助他继续听“父母的话”吗？

继续听“父母的话”，小鑫会成为一个什么样的人呢？我想他不止会被困住手脚，也会被困住思维。这种“被困”状态不但对小鑫的个人成长不利，更会影响到他未来的人际关系。

有一次，我参加了一个亲子旅游团。吃过晚饭后，五六个初高中模样的孩子围坐在一起玩起了扑克牌。

眼看就要10点了，其中一个孩子的妈妈走上前去对他说：“10点了，该睡觉了。”孩子玩得正起劲，忙答应着说：“就一会儿，马上结束了。”又过了两三分钟，妈妈走上前，用更严厉的口气说：“该睡觉了！”

男孩抬头看看不容商量的妈妈，又看看满眼期待的同伴，他放下手中的牌，低着头离开了。

看着男孩缓慢离开的背影，我在想，这位妈妈现在还可以不由分说地要求儿子10点必须睡觉，可是她还能要求多少年？

在孩子小的时候，我们非常投入地想做一个好爸爸、好妈妈，我们总觉得“我这样做是为了你好”，问题是，我们真的可以预见我们所做的一切对成人后的他有帮助吗？

不见得。

妮妮是我们父母课堂的一位学员，课上她分享了她和爱人的一个故事。

一天晚饭后，妮妮和爱人带着孩子出门散步。路过农贸市场时，妮妮提议买点葡萄，爱人建议散步回来时再买。

回来路上，妮妮有点着急，担心农贸市场已经关门了。远远地，妮妮看到一辆货车，透过朦胧的灯光，她看到了满车的葡萄。

她加快脚步并快速选好了葡萄，然后转身和已经推着婴儿车赶过来的爱人要手机付款，这时爱人说："晚上的葡萄不新鲜。"妮妮迟疑了一下，取手机的手下意识地缩回来。她轻轻地捏了捏大大的葡萄粒，对爱人说："还不错，挺新鲜的。"这时爱人变得非常不耐烦，他再次说："晚上的葡萄不新鲜。"

那一刻，妮妮非常无语。她第一次在现实中验证了课堂上学到的"每个人都活在自己的主观世界里"。她惊讶地看到，原来世界上真的有人只相信自己头脑里的"信念"，而不愿相信站在他面前的活生生的人。

话说回来，妮妮爱人头脑里"晚上的葡萄不新鲜"的信念又是谁给他植入的呢？他为什么固执地相信这个信念，却不愿意相信站在面前的妻子？又是什么阻止了他走上前验证一下葡萄是否新鲜？退一步说，即便晚上的葡萄不新鲜，买两斤葡萄又会怎样？会有多大的损失？而他就这样固执地活在自己的"信念"中，他看不到爱人想买葡萄的急切，更看不到她的尴尬和沮丧。

他是真的看不到吗？

他是真的看不到。一段时间后，妮妮像讲笑话一样说起爱人做的“缺德事”，爱人的眼睛瞪得大大地说：“天哪，真的吗？我怎么不记得我说过这样的话。”

那些潜藏在我们潜意识中的“信念”，在我们的头脑中自动化运作，它甚至不需要意识的参与，就已经将事情完成。这也是妮妮的爱人对自己所说的话毫无觉察的原因，他意识不到自己在说什么，更没有察觉到妮妮脸上的尴尬和沮丧。

有多少人的婚姻葬送在其自以为是的“真理”中却不自知？我想，或许只有在当事人跳出自己的“真理”的那一刻，他才有机会看到，自己给最亲的人带来了怎样的无助和伤害。

一个成年人坚持“真理”的盲目自信是从哪里来的呢？当我们去追溯这类人的原生家庭，会发现每一个坚持“真理”的人，背后都站着一个控制型的爸爸或妈妈。从小成长在这样的家庭环境中，孩子耳濡目染地吸收了爸爸妈妈经常重复的这类“真理”，而这些“真理”很有可能成为他未来亲密关系或其他关系中的绊脚石，让他成为一个不懂变通的人。

当没有边界的我们努力地塑造着“听话”的孩子，我们非但没有给孩子未来的人生助力，还给他增加了阻力。如果我们的孩子始终活在我们要求的条条框框中，变得呆板、僵化，这样的孩子真的是我们想要的吗？他所过的人生真的是我们希望的吗？如果不是，趁还有机会重塑孩子的性格，从今天起，请调整我们的边界，给予孩子充分的自主权和发言权。

小练习

1.“别动我的派！”提醒我们不要总是侵犯孩子的“领地”。回想和孩子的沟通，有哪些时刻你已经侵入了孩子的“领地”？

2.边界感给予孩子自由探索的空间。此刻，你愿意在哪件事情上给予孩子空间？试着将这件事写在下面的横线上。

3.你的父母是否有足够的边界感？或许因为他们没有边界感，也曾让你经历了一些失望和挫败的时刻，将这些时刻写在下面的横线上。

步步紧逼，“不听话”的孩子只想“逃离”

每个家庭成员都有义务守住自己的边界。一旦有人“侵犯”了他人的边界，家庭就会陷入深深的危机之中。控制型的父母会固执地认为“我”是对的，“我”是为了你好，因此你应该听“我”的。

当父母带着这种想法随时随地地“侵入”孩子的“领地”，一旦孩子认同父母，就会成为一个“听话”的孩子而处于压抑之中；一旦孩子不认同，就会成为一个“叛逆”的孩子而处于愤怒之中。叛逆的孩子会消耗很多能量来对抗父母，以证明“我才是对的”。

小丫是一名小学三年级的女生，最近妈妈帮小丫报了一个学习民族舞的兴趣班。

妈妈觉得女孩应该文静、优雅，学习民族舞有助于培养小丫的气质。但小丫并不喜欢民族舞，她喜欢街舞。

可妈妈根本不给小丫任何学习街舞的机会。这天，小丫和妈妈谈起学街舞的事情，妈妈生气地说："你整天吊儿郎当的，坐没坐相，站没站相，民族舞会帮助你沉静下来，这样才是女孩应有的样子。其他的说也没用，你就别想了。"

妈妈不由分说的语气彻底伤害了小丫。小丫看着无法沟通的妈妈，不禁问自己："就因为我是孩子，所以我只能乖乖听话吗？我什么时候可以长大？我什么时候可以离开这个家？"

"我什么时候可以离开这个家？"小丫还小，她只是在心里想想这个问题，但有一些人付诸了行动。曾有一段时间，寒门学子、北大博士后王永强出国深造20年不与家人联系的消息引发了强烈的争议。人们的第一反应是，这孩子怎么如此不孝呢？怎么会有这样狼心狗肺的孩子呢？但随着媒体报道的深入，我们才发现，在他极端行为的背后，站着一对控制欲很强的父母。

每个孩子都天然地爱着自己的父母。若父母温柔慈爱，哪个孩子愿意背负不孝的罪名，愧疚且孤独地活着呢？孩子对父母的逃避，背后一定有着不堪承受之痛，而父母缺乏边界感，恰恰是这份不堪承受之痛的源头。

我一直坚信，父母都深爱着自己的子女，我更知道父母的很多控制行为是无意识的，但这种无意识的控制行为在无形中给了孩子巨大的精神压力。

大树是一名初中二年级的学生。最近，因为学长笛的问题，他经常和妈妈发生冲突。

大树在小学一年级开始学长笛，并且他在长笛上有颇有天分。长笛老师经常会给大树争取一些参赛机会，妈妈也一直觉得大树未来可以走专业路线。

但进入初中后，大树对长笛越来越没兴趣，他几次试着和妈妈表达自己不想学长笛了，希望把更多的时间用于文化课的学习。但妈妈觉得大树的这些理由和借口都是为了逃避练习长笛的辛苦。

这天，又到了练习长笛的时间，妈妈催促了几次，大树一动也不动。这时，妈妈态度强硬地拉扯大树，情急之下大树推搡了妈妈一把。被大树一推，妈妈一个趔趄差点摔倒，一时间她悲从中来，她心寒也惊讶："自己辛辛苦苦带大的儿子怎么会这样对待自己？"

咨询室里，大树一直低垂着头，看得出他十分自责和懊恼自己的行为。

"温老师，我很痛苦。我知道妈妈是为了我好，但她那种武断的说话语气让我感到非常窒息。"在大树越来越激动的声音中，我感受到他已经无法控制自己的压抑和愤怒。"我妈说，走艺术路线是她一生的梦想，她那时候没有条件。现在有条件了，我应该珍惜。可我真的不愿意花一生的时间在自己不喜欢的东西上。"

在大树的叙述中，起初我感受到一种烦躁情绪。而在他后面的表达中，我更多地感受到他的力量。从他的眼神里，我看到他希望自己能做点什么来改变现状，我更看到他迫切地希望得到父母的信任和支持。

了解了这些信息，我建议大树妈妈试着放手，让大树自己做决定。一番内心纠结后，妈妈终于同意了。她苦笑着说："强扭的瓜不甜，这次就听他的吧。"一声轻轻的苦笑，包含着一个妈妈的担心和无奈。但对于大树而言，这是他为自己的人生做决定的开始。

只有在有选择的情况下，一个人才可能为自己的生命负责。如果选择不是"我"做的，"我"凭什么为别人的选择负责呢？我想，从大树被允许做自己的那一刻开始，对生命的这份掌控感所带给他的自信和力量，是他一生的幸福源泉。我们常说以终为始，站在生命的终点，我们就更容易看清什么才是对孩子真正重要的东西。

如果我们在一条错误的路上奔跑，停下来，就是最大的进步。如果父母本身就是控制型的，孩子内心已经有很多内在情绪的积压，那么孩子的问题爆发得越早，越能让父母更早地停下来。只有父母停下来，重新审视自己的边界感，将原本属于孩子的"领地"归还给孩子，我们才能真正培养出自信有力量的孩子，而不是"听话"的孩子。

小练习

1.父母没有边界感，要么培养出一个“听话”的孩子，要么培养出一个“叛逆”的孩子。你是一个有边界感的人吗？写出你和孩子相处时对边界感把握较好的一件事。

2.如果我们在一条错误的路上奔跑，停下来，就是最大的进步。目前这个年龄段的孩子给你的最大挑战是什么？

3.当我们放下控制的欲望，孩子才能在自我决定的自由中收获力量。此刻，你愿意在某件事上放手，让孩子自己做一些选择，这件事是什么呢？

尊重孩子的边界，给孩子充盈的爱

有些父母对孩子的“控制”显而易见，但有些父母对孩子的“控制”却是隐形的。“隐形”控制让孩子的窒息感更强。表面上看，似乎父母很尊重自己。在这种“尊重”下，一旦孩子反抗父母，孩子自己都会觉得自己非常差劲。这类“隐形”的控制特别容易给孩子制造愧疚感，而孩子会在愧疚中越来越无力，状态越来越差。

宁宁有一个上小学三年级的女儿和一个上小学一年级的儿子。

她的爱人是一个典型的大男子主义者。自从生了孩子，爱人就一直强调，宁宁把孩子照顾好就是对他最大的支持。这些年，宁宁确实也做到了，她包揽了一家四口所有的饮食起居以及两个孩子的教育。

从女儿进入小学起，老师就经常反馈女儿从不举手回答问题，偶尔回答问题时，声音也非常小。课间休息时，其他孩子总会在一起说说笑笑，但她却时常坐在座位上出神。起初听到这些消息，宁宁觉得自己和爱人都不是性格外向的人，女儿大一些后自然就好了。

有一次，夫妻两人一起参加女儿学校组织的社会实践活动。

在活动中，需要两个家庭组队完成一项任务。这时，主持人提议孩子们自由组合。一时间，孩子们都兴奋地跑动着寻找自己的搭档。有些孩子尽管离得很远，他们依然飞跑着抱在一起，开心且满足。但宁宁看到女儿迟疑地起身，到处张望，没有人跑过来找她组队。于是她低着头站在了原地。

宁宁赶紧提醒女儿："快去找一个小伙伴。"可女儿迟迟没有迈出步子。最终，主持人给女儿安排了一个同样落单的小朋友。只见那个小朋友一脸不满地嘟囔着说："我运气真不好。"

这个画面像一根刺，深深地刺痛了宁宁。

在宁宁的陪伴下，我见到了她的女儿。我注意到孩子特别瘦弱。宁宁告诉我，女儿对很多食物过敏，饭量也很小。我问孩子："你最喜欢和爸爸妈妈一起做的事情是什么？"她摇摇头。我又问："你最不喜欢爸爸妈妈做的事情是什么？"她回答说，没有不喜欢的。

看着这个孩子，我知道我需要在父母身上寻找突破口。我让宁宁描述一下她和孩子遇到了什么苦恼。

宁宁开口的瞬间，我就感受到她的哽咽，她努力地控制着，不让眼泪流下来。

她描述了生活中各种让自己不满的事情。最后，她总结说：“我已经很努力了，可还是什么都做不好。”我问她：“具体哪里做得不好呢？”她说：“我不是一个好女儿，不是一个好儿媳，现在我也不是一个好妈妈。”

这个回答十分宽泛，我建议宁宁说得具体点。比如，发生了什么让她觉得自己不是个好女儿？想到了什么让她觉得自己不是个好儿媳？她为什么觉得自己不是个好妈妈？

宁宁回想起了自己的童年。

宁宁出生8个月后，她的爸爸妈妈就去了乡下，她被留在了城里的姥姥家。只有逢年过节时，她才能见到父母。

3岁的时候，宁宁开始在幼儿园上全托班。她上小学三年级的时候，父母回到了她身边。虽然父母回来了，但宁宁发现自己无论如何努力都无法走近父母，她感觉和父母之间总是隔着很远的距离。

这种痛苦或许只有亲历过才知道。明明是亲生父母，却永远无法亲近对方。宁宁正是带着这样的伤痛长大的，而她也养成了沉默寡言的忧郁性格。从小到大，宁宁在同学眼中就是一副拒人于千里之外的样子。只有宁宁自己知道，她多么渴望一份亲密的同学关系。

父母是孩子人生中的第一依恋对象。和父母关系的远近，是一个人所有人际关系的基础。和父母关系亲密的孩子，更容易和周围的人建立起亲密关系。当一个孩子在家庭中知道如何和父母相处，他就更知道如何和周围的人相处。相反，如果一个孩子从小不知道如何和父母亲密相处，他和周围的人要发展出亲密关系就十分有挑战性。

宁宁是在缺失和父母链接的极度不安全感中成长起来的，她养成了谨慎、自卑、不爱说话的性格。一个人越缺少什么，就越想给孩子什么。正是因为宁宁小时候缺失了父母的爱，她深深地了解这种痛，所以就拼命地给予女儿，在生活上事无巨细地照顾女儿。

一方面，宁宁拼命地给予孩子自己曾经缺失的；另一方面，宁宁自己的内心又是极度匮乏的。如果父母本身是匮乏的，那么就无法给予孩子充盈的爱。因为宁宁自身的匮乏，她越是拼命地给予爱，就越是感到无力。越是无力，她就越是委屈。越是感到委屈，她就越是控制不住地喋喋不休。

两个孩子出生后，宁宁总是一副忧郁、低落的样子。每当她为两个孩子做了什么，她都会一遍遍地强调："我为你们做了那么多，你们要懂得知足，要听我的话，要乖。"

一个真正佩戴过宝石的人，才能满心欢喜地给予他人一颗宝石。一个人从未拥有过宝石，却给予他人一块宝石时，她的内心一定对对方有着极高的要求和期待。

自我价值感极低的宁宁急切地想要做一个好妻子、一个好妈妈，因此一旦孩子的表现不如意，宁宁就会瞬间沮丧到极点。但即便这样，从小隐忍、胆小的她也不会大吼大叫，她只会幽怨地看着孩子说：“你对得起我吗？我放下工作，天天在家伺候你。我容易吗？”

两个孩子，尤其是性格敏感的女儿，每次听到妈妈说这种话，她就觉得自己做错了，于是想各种办法讨妈妈欢心。时间久了，女儿也形成了忧郁的气质，对周围的世界很漠然，似乎她唯一在乎的就是妈妈今天开不开心。

当孩子的所有心力都用来关注父母的情绪，一遍遍地和父母确认自己是否是安全的，他就很难再有心力去发展自己。“妈妈已经付出很多了，可我总是做不好，我哪有资格说妈妈不好呢？”父母对孩子的“隐形”控制，让孩子丧失了抱怨的资格，这种资格的丧失给孩子带来了更深的压抑和窒息。

有的孩子受了伤，会向外攻击，表现为无礼、顶嘴、叛逆；有的孩子受了伤，会向内攻击，你看不到他的伤，但他早已伤痕累累。宁宁的女儿属于后者。要改变女儿的状态，需要从宁宁本身的改变开始。一个没有和父母建立起安全依恋关系的孩子，长大后便会成为没有边界的父母。没有边界的父母，带着自己童年的创伤，一不小心又会把孩子变成另一个自己。是的，大自然很有耐心，所有你没有疗愈的，都会传给你的下一代。

为人父母，不成长，是为不慈。愿所有人在成为父母前，都能看见自己真实的样子。如果你早已遍体鳞伤，那么请记得先给自己疗伤。凤凰涅槃之后的你，才有力量设定自己的边界。而有了边界的你，才能给予孩子真正的暖阳和力量。

小练习

1.孩子和父母的依恋关系，直接影响着孩子和世界的关系。你和父母的关系对你产生了哪些积极的影响和哪些消极的影响？试着举例说明。

2.没有边界感的父母会培养出无力的孩子。有时，你说出的一些话已经越过边界，侵入了孩子的“领地”，让孩子感受到深深的无力感。试着找出那些让孩子感到无力的话，并写在下面的横线上。

3.一个缺少边界感的人，在和朋友的相处中，同样存在边界不清的状态。回想你的人际关系，找出你想要调整的一个点，将它写在下面的横线上。

明确自己的边界，流淌自信的力量

沟通中，我们要尊重孩子的边界，更要守住自己的边界。

有一次，我和好友一起吃饭。她两岁的小宝因为一件事情生气了，狠狠地拧了一下妈妈的耳朵。这时，好友什么也没说，只见她笑盈盈地平静地抱起儿子，拧了一下他的耳朵。小家伙感受到这突然的疼痛，委屈得哇哇大哭。

哭闹之后，小家伙很快依偎在妈妈怀里，咯咯咯地笑起来。

尽管两岁的孩子听不懂深奥的道理，但身体的疼痛足以让他知道，自己冒犯了别人，而他也应该因为这份冒犯受到惩罚。

这个画面一直刻在我的记忆里，我也曾在父母课堂上无数次给父母们讲起这个瞬间。

我们先不讨论好友采取的方式是否恰当，单单从她能够想到给孩子设定边界这一点，我认为她的觉知已经走在了很多人前面。我辅导过很多父母眼中的“熊孩子”，当我带着父母去追溯问题的成因时发现，大多和父母在孩子小的时候没有重视边界有关。比如，有的孩子发脾气时会乱扔东西，有的孩子会用小手打爷爷，有的孩子在需求得不到满足时就满地打滚，等等。

小玉有一个上小学三年级的儿子。

自出生起，儿子就受到了全家人的高度关注。用“捧在手里怕掉了，含在嘴里怕化了”来形容儿子的地位一点都不过分。从小机灵的儿子发现，只要他嘴巴够甜，爷爷奶奶、姥姥姥爷就会对他百依百顺。

在家人眼中，儿子天真活泼，俏皮可爱。直到他进入小学。

进入小学后，学习压力让儿子非常厌烦。从小没有受过半点委屈的他，一学习就喊头疼，小玉经常给他辅导作业到晚上11点。小玉还在认真给儿子讲解作业的时候，儿子已经哈欠连连。这时，如果小玉坚持继续给儿子补课，爷爷奶奶就会提醒小玉，说孩子还小，身体要紧。有了老人这个护身符，儿子经常还没做完作业，就假装自己困了。

几年下来，小玉和儿子的冲突不断。她对儿子的忍耐也到了极点。

这天，儿子又一次没写完作业就想睡觉，小玉一气之下将他的作业撕得粉碎，然后将满桌的书推在地上。儿子看到妈妈撕了自己的作业，他本能地推搡着妈妈，大哭着说：“妈妈，你赔我的作业，你赔我的作业！”

小玉找到我的时候，她面部浮肿，满眼血丝。我看到了她深深的委屈和无助。“温老师，我是一个失败者，连孩子都教不好。”我试着让小玉回忆从小到大让她有成就感的一件事。她思考了好一会儿，对我说：“我是一个失败者，我想到的都是我没有做好的事。”

在和小玉深入沟通后，我意识到小玉是典型的“习惯性愧疚”的人。比如：周末在家带孩子，她会觉得对不起老板，觉得工作做得不到位；在单位加班的时候，她又觉得对不起孩子，认为自己没有照顾好孩子……了解情况后，我引导她回忆对她这种状态影响比较大的事件，她给我讲了她小时候的故事。

小玉是家里的老大，她比弟弟大3岁。弟弟出生的时候，她已经可以很好地照看弟弟了。

妈妈经常和小玉说的一句话是：“你要让着弟弟，你要保护弟弟。”弟弟3岁的时候，她带着弟弟和小朋友一起玩，经常有小朋友在玩闹中将弟弟推倒。她特别想保护弟弟，可她也是个孩子啊，她也害怕，不敢去对抗那些推弟弟的孩子。

每次弟弟哭着跑回家，妈妈总会数落小玉，怎么又没保护好弟弟？听着妈妈咆哮的声音，再看看弟弟委屈的小脸，她总觉得自己什么都做不好。

随着年龄的增长，妈妈又经常在她耳边说："你弟弟不行，还是你能干。长大了无论你在哪里，都要让你弟弟跟在你身边。这样你能照应一下弟弟，我就放心了。"她天天听着妈妈的这些话，总觉得她应该为弟弟做点什么。可她能做什么呢？

这些年来，弟弟过着并不怎么好的生活。小玉总觉得是自己没尽到一个姐姐应尽的义务。每每想起弟弟，小玉总有一份深深的愧疚感，而这种愧疚感蔓延到她生活中的方方面面。比如，她会觉得亏欠老板，她会觉得亏欠孩子，等等。

当小玉说到这里，我瞬间理解了为什么孩子总是听不进小玉所说的话。正是小玉的习惯性愧疚，总觉得亏欠了孩子，导致她无论为孩子牺牲了多少，她都觉得做得还不够。孩子是非常敏锐的，他们很善于捕捉父母的感受，并且能透过父母的眼神清晰地分辨，父母的内心是坚定有力的还是有所摇摆。

正是带着这种习惯性的亏欠感，小玉总觉得自己为儿子做得太少。因此，当家里的老人为儿子包办各种事情时，她反而觉得心安。正是她潜意识中这种"病态"的亏欠，让她无法辨识老人所做的一切，到底是在帮助孩子，还是在溺爱孩子。一个人最难的就是看到自己真实的样子，而面对真实自己的过程，是痛苦的，也是揪心的。

通过一层层地“解剖”，小玉终于看清了自己。她突然理解了，为什么这么多年来自己活得这么疲惫。

小玉回忆了过往的人际关系。她发现，在每一段关系里，她总是觉得自己做得不够好。正因为有这样的心态，她总是很难说“不”。有一次，一个很久不联系的朋友约她中午一起吃饭。朋友见到她很兴奋，天南海北地和她拉家常。眼看到了下午上班的时间，小玉好几次想结束对话，但都没能开口。

一个从小边界就被破坏的人，在自己的边界受到侵犯时，会完全丧失表达自己的能力，哪怕对方只是一个孩子。儿子从小由“习惯性愧疚”的小玉带大，这也造成了他习惯性地挑衅妈妈。尽管他也深深地爱着自己的妈妈，可他仍然忍不住去挑衅她。

小玉的“习惯性愧疚”，“吸引”着别人去挑战她的底线。在小玉和儿子的这段关系里，看上去儿子是个天不怕、地不怕的“熊孩子”，看上去是儿子占了上风，事实上儿子也是受害者。试想，哪个孩子不想有个令自己骄傲、让自己仰慕的自信妈妈呢？

解铃还须系铃人。尽管改变自己几十年的模式并不容易，小玉还是毅然地开始通过学习来改变自己。她首先对自己原生家庭中的关系进行了梳理，并让自己回到姐姐的位置上来。“弟弟有他的人生，自己不需要为弟弟的人生负责。我没有这个能力，更没有这个义务。”当她不断地用这样的心理暗示提醒自己，她能感觉到自己的愧疚感越来越少，力量感和自信不断提升。更让小玉惊喜的是，随着自己力量感的提升，儿子和自己的关系也越来越亲密。

一个内心有力量的人本身就是有魅力的，这份魅力也是一份无形的影响力。“因为喜欢，所以愿意被影响。”当我们尊重别人的边界，并守住自己的边界，这时由内而外散发的力量和光芒，会让我们成为孩子的骄傲。一个令孩子感到骄傲和自豪的人，才更有机会对孩子施加影响力。

小练习

1.在尊重孩子边界的同时，我们更要守住自己的边界。你是否能够守住自己的边界，和善而坚定地对孩子说“不”呢？将你的思考写在下面的横线上。

2.在小玉的“习惯性愧疚”里，你有没有看到自己的影子？回忆你的人际关系，有没有一些人也曾给你制造了一些愧疚？如果有，是什么事？试着将这件事写下来。

3.或许你并不属于“习惯性愧疚”的类型，那你和孩子相处时，产生次数最多的一种负面情绪是什么呢？每一种负面情绪，其实都和我们的童年有着丝丝缕缕的联系。结合童年的经历，你觉得这种负面情绪和谁有关？当时对方和你说了什么话，让你产生了这种负面情绪？试着将这件事写下来。写完之后，请试着思考一下，如果现在的你遇到同样的一件事，你又会如何面对和处理呢？

与内在执念和解，提升自己的边界力

在没有边界的家庭中，父母和孩子之间相互缠绕，你中有我，我中有你。父母作为付出方，难免有“我是为了你好，你竟然这样对我”的盛气凌人的时刻。以爱之名，他们希望对方听自己的安排。而孩子作为被动接受的一方，宁愿不要这种爱，也不希望自己的人生时刻处于控制和监管之下。在边界不清的共生关系中，父母作为付出的一方，经常感到委屈和失望；孩子作为接受的一方，经常感到压抑和窒息。在这样的亲子关系中，双方已经陷入负面情绪的深渊，根本谈不上有效沟通。

朱朱有一个上小学六年级的儿子。儿子的学习成绩非常优秀，但性格比较急躁，动不动就发火。周围的小伙伴对儿子又爱又恨，儿子曾开玩笑似的说：“周围的同学既佩服我的才华，又害怕我的情绪。”

有一次，儿子和好朋友踢足球时突然摔倒，好朋友的第一反应是快速地往后退了两步。看到儿子起身了，这个好朋友才慌忙走上前询问情况。这个画面刺激到了朱朱。她知道儿子的好朋友之所以本能地后退，是担心儿子会因为摔倒而迁怒于他。

朱朱是一个性情温和、懂得隐忍的人，孩子的爸爸也踏实稳重，比较重视对孩子的陪伴。朱朱无法理解，儿子为什么脾气那么大。

现在，儿子马上升初中了，学习压力比原来大了不少。在学习方面，朱朱如果催促得紧了，儿子就会一脸不耐烦地说：“知道了，知道了！”儿子的表情和动作，都让朱朱感到一种压迫感。她很无奈，也很担心：“这才六年级，儿子就对我这么不耐烦，以后可怎么沟通呢？”

听完朱朱的表述，我询问了她的家庭情况，除了一家三口，是否还有老人在身边。

朱朱告诉我，一直是她和爱人自己带孩子。在孩子出生前，她就看过一些育儿书，下定决心要自己带孩子，怕老人娇惯孩子。所以一直到儿子上小学，朱朱才回归职场。

我建议朱朱，可以从陪伴孩子时自己的情绪状态入手。

起初，朱朱不是很清楚到底应该从什么方向去思考，她说自己当时情绪挺好的。

儿子还小的时候，十分可爱，朱朱把所有的精力都放在孩子身上，并不觉得自己有什么负面情绪。我试着问朱朱和公公婆婆的关系，她很淡然地说："老人们都不在身边，我们结婚后，和老人没见过几面。"

后来，朱朱回忆起了她和公婆相处时的一些片段。

朱朱选择和爱人在一起，很大程度上是因为婆婆。在朱朱眼中，婆婆是一位高级知识分子。她美丽优雅，符合了朱朱对母亲的所有期待。而朱朱的母亲是一个没有文化的普通农村妇女。她为人苛刻，总是对朱朱各种批评、打压。从小到大，朱朱一直期待妈妈能给她一个温暖的拥抱、一个赞赏的眼神，可她从来没有得到过。

从朱朱见到婆婆的那一刻，她瞬间找到了自己想要的"妈妈"的样子。朱朱承认，尽管爱人不善言谈，不会哄女孩子开心，她依然和他结婚了。

婚后她才发现，婆婆美丽优雅的外表下也有一颗"控制"的心，甚至她的控制欲一点都不比自己的母亲少。大到在哪里买房子，小到孩子穿什么颜色的衣服，婆婆都要插手过问。

已经厌烦了从小被妈妈控制的朱朱，怎么能忍受又一个对自己指手画脚的人？朱朱没有和老人发生任何正面冲突，但她和孩子爸爸强烈要求，不和公公婆婆住在同一个城市。

朱朱这种明显想摆脱他们的态度被公公婆婆看在眼里，他们十分心寒。

朱朱幼年时对母爱的渴望和对"完美妈妈"的强烈期盼，让她在选择婚姻时丧失了理智，这也注定了她的婚姻不会幸福。一方面，是对不善言谈、一心扑在工作上的爱人失去期待；另一方面，是对原以为美丽优雅的婆婆的失望，让朱朱深陷灰暗、沉闷的状态。就是在这种情绪状态下，朱朱将儿子带大了。

有些父母看上去性格温和，但温和背后，不过是因力量不足而表现出的逃避和讨好。这时候，父母压抑的情绪尽管不一定直接对孩子产生影响，却通过潜意识悉数传递给了孩子。朱朱对儿子便是如此。她什么都没说，孩子却什么都感觉到了。

除此之外，孩子的爸爸有没有负面情绪呢？朱朱对丈夫的爱很有限，他会不会失望？朱朱和老人的关系紧张，他会不会愤怒？自己无法承欢膝下，他会不会感到歉疚？

另外，远在外地的公公婆婆会不会有情绪？老人爱孙子，却少有机会能见面，他们会不会不高兴？儿子选了这样一个儿媳妇，他们会不会抱怨？敢怒又不敢言，他们会不会觉得压抑？

家族中所有的负面情绪，虽然不曾被表达过，但人与人之间是怎样的关系，每个人有着怎样的情绪状态，都被孩子看在眼里、记在心上。在朱朱的家庭中，家族中所有情绪的源头是朱朱母爱的缺失。她一直缺少爱，一直在寻找爱，这份对爱的渴望让她失去了边界。

首先，她人为地将婆婆纳入她的“领地”，期待婆婆可以弥补她缺失的爱。这种期待本身就缺乏边界，因此注定会让朱朱失望。然后，她无形中又将唯一的希望寄托在儿子身上。朱朱自认为性情温和，但她的愤怒和压抑却源源不断地传递给了孩子。正是因为朱朱自己无边界，她随意地入侵了孩子的边界，将孩子“软禁”在妈妈画定的“牢笼”中却不自知。

看明白这一切，朱朱十分悔恨。

原来没有觉察的自己，在选择婚姻时并不是因为对爱人有多深的感情，而是婆婆符合了自己对“完美妈妈”的期待，在婆婆打破了自己的美好幻想之后，自己和爱人一直强颜欢笑，试图给孩子一个完整的家。可她不曾想到，家族中所有的负面情绪，儿子都完完全全地感受到了。儿子在为自己的没有边界付出代价。朱朱这才反应过来，儿子经常发无名火，是因为他不知道如何表达自己。

看见自己的过程不容易，面对自己、改变自己的过程更难。当朱朱对自己有了深入的了解，她看到自己爱孩子，不愿意孩子失去完整的家庭。她更看到自己对爱人和婆婆的期待，更多的是自己童年未被满足的一种投射。于是，她决定通过自我成长的方式来修复自己的童年，让自己成为一个边界清晰、内心有力的成年人。

萨提亚在《爱的法则》中说：“牺牲你自己来满足我的需要，那并不能让我幸福快乐。那就像你给我戴上王冠，却将它嵌进我的肉里，疼痛我的灵魂。”因为边界不清而做出的自我牺牲，非但不能给孩子增加力量，反而会让孩子活在亏欠和愧疚中。看上去朱朱的儿子在表达愤怒，实际上，他不过是用愤怒的方式来表达对妈妈的亏欠和愧疚。

让我记忆深刻的一个镜头是：课上的自我欣赏环节，朱朱思考了很久，然后说："我是一个杞人忧天的人。"现场的所有人都被她逗笑了。只有朱朱知道，她是真的找不到自己的优点。

那天起，朱朱开始每天寻找自己的优点，找到后就激励自己。另外，小时候父母没有满足我们的需求，长大后的我们可以通过自我满足的方式来弥补这份缺失，这个过程可以极大地提升我们的心理能量。

和爱人约着去健身，给自己买期待已久的包包，和闺密约一个安静的下午茶，为自己安排一次畅想了许久的旅游……当朱朱开始把注意力从外界转回自己，她的内心越来越喜悦。当她轻松淡然地给予孩子空间和自由，她发现孩子把自己的生活安排得井井有条。

随着内心的强大，朱朱开始有余力来修复自己和父母的关系。

这天，朱朱回了父母家，母亲恰好买菜回来。她手里拉着一个小推车，兴奋地对朱朱说："你快看这个小推车，是我给你爸爸设计的。从选木头到制作完成，我和你爸用了将近半个月。最后是我用砂纸打磨的。快，你来摸摸它有多光滑。"

换作以前，朱朱会敷衍着说："嗯，挺好的。"这次朱朱看出了母亲的期待，于是她一下子从椅子上跳起来，夸张地对妈妈说："天哪，妈妈，你是无师自通的天才啊！这个小推车的设计真高级！你这眼光和品位也太好了吧！"母亲掩饰不住笑意："行了行了，被你夸得我都不好意思了。"

说到这里，全家人都开怀大笑。

看着父母开心的样子，朱朱在想，这些年自己总是嫌弃母亲，对她爱搭不理，自己竟然从未发现，父母身上也有这么多优点和闪光点。当一个人沉浸在自怨自艾的情绪中太久，就很难看到世界的美好。朱朱开始感恩儿子，感恩儿子的叛逆让她看清了更多真相，也让她看到了真实的自己。

随着朱朱和父母的关系越来越好，她开始试着和公婆缓和关系。

尽管朱朱并没有和公婆住在一起，但她开始通过电话对两位老人表达感恩和感激。有一次，儿子参加学校组织的跳舞比赛，取得了全校第一名的好成绩。朱朱把这个消息告诉爷爷奶奶时，趁机告诉老人孩子最近一段时间的进步。儿子满脸自豪，爷爷奶奶更是笑得合不拢嘴。

当收回对外界的期待，朱朱与人相处时也变得越来越轻松。当一个人的边界清晰，放下对周围人的期待，不但可以让周围的人轻松，还可以很好地照顾自己的情绪。与人相处时，让对方舒服，是一个人最大的修养。

孩子是父母的天使。孩子的到来，让我们有机会更好地认识自己，更好地成为自己，让我们有机会实现生命的重生。当父母通过“育己”实现重生，在爱孩子的同时也可以从容不迫地放手，让孩子在松弛有度的氛围中自由成长。这时，我们才有机会和孩子实现真正的情感链接。

小练习

1.育儿先育己。我们的内心富足，才有力量去影响孩子。这周你准备如何爱自己？把你的安排写在下面的横线上。

2.欣赏和接纳自己，是提升心理能量的源动力。今天起，请看着镜子，对自己说一些鼓励的话吧！你会对自己说什么呢？把想对自己说的话，写在下面的横线上。

3.父母是我们自信的源泉。试着对父母表达一下你的感激之情吧。打电话前，试着在下面的横线上记录一下这个特殊时刻。你会对他们说什么呢？

当你写下这段文字，你知道，你的能量已经发生改变。

Chapter **5** >>>

认真倾听
——鼓励孩子自信勇敢地表达

在这个世界上最会沟通的人，是闭上嘴巴安静倾听的人。我们用一年学会说话，却要用一生来学会闭上嘴巴。善于闭上嘴巴、安静倾听的父母在用无言的力量和无形的拥抱激励着孩子去表达，这个过程中赢得的孩子的认同与信任，才是让沟通温情且顺畅的关键。

先听清再接话，孩子才不会闭嘴巴

苏格拉底曾说：“自然赋予我们人类一张嘴，两只耳朵，也就是让我们少说多听。”但现实中，父母在和孩子沟通时，往往以表达为主。

很多父母在孩子进入初中或高中后，会因为孩子不愿意和自己沟通来做咨询。这时，我都会问他们一个问题：“孩子小的时候就这样吗？”这时，父母总会不无叹息地说：“小时候特别爱说话，越长大越不爱说话了。”

每个不爱说话，不爱和父母沟通的孩子，背后或许都站着一对“听而不闻”或者“听而少闻”的父母。“听”和“闻”有什么区别呢？

我们常说“听而不闻”。严格意义上讲，听是对声音的感知，偏物理的波长感应。而闻是对信息的吸收，偏大脑的生理反应。

《说文解字》中这样解释："闻，知声也。""闻"的本义就是透过对方所说的表面信息，听懂背后的声音。也就是说，一个声音刺激过来，正常听力状态下，我们都可以"听到"，但不是所有人都可以"闻到"，并不是所有人都能够静下来真正去咀嚼"我"刚才听到了什么，对方到底要告诉"我"什么。

一旦孩子在"说"的时候，父母缺失了"闻"的状态，就无法听懂孩子要表达什么，更无法走进孩子的心。更多的时候，父母要么没等孩子说完就开始说，要么还没听明白孩子在说什么就开始评判，要么想趁机给孩子讲明白一个人生大道理。时间久了，孩子不但无法在和大人的沟通中获得成就感，反而总是遭遇满满的挫败感甚至是屈辱感。这种状态下，孩子怎么愿意和大人沟通呢？又怎么会有好的沟通结果呢？

这让我想起一位著名主持人和一个小朋友的对话。

一个节目现场，主持人激情满满地问坐在前排的一位小朋友："你长大后想要当什么呀？"小朋友天真地回答："嗯……我要当一名飞行员！"主持人接着问："如果有一天，你的飞机飞到太平洋上空，这时所有的引擎都熄火了，你会怎么办？"小朋友想了想说："我会先告诉所有乘客系好安全带，然后我带上降落伞跳出去。"

顿时，现场观众一片哗然，瞬间又捧腹大笑。这时，主持人并没有笑，他继续专注地看着小朋友的眼睛，他能明显地感觉到孩子并不是在哗众取宠。他用鼓励的眼神轻声问：“孩子，告诉我，你为什么要这么做？”这时孩子已经泣不成声，他几乎是喊着回答：“我要去拿燃料，我还会回来的！”

在和孩子的沟通中，我们经常没等孩子把话说完，就已经开始评判了。现实中的我们像不像故事中捧腹大笑的观众呢？实际上，看到自己真实的样子并不容易，我们一起来感受下面的5个场景。

场景1

孩子：“爸爸，我的小兔子死了。我……”

爸爸：“和你说了多少遍，心思别总放在这些没用的事情上！整天想这些，你哪有心思学习？！”

场景2

孩子：“妈妈，弟弟弄坏了我的玩具。”

妈妈：“坏了就坏了，别那么小气，大不了我再给你买一个。”

场景3

孩子：“爸爸，今天班主任又占我们的体育课，烦死人了，一周就上一次体育课，我本来很期待的。”

爸爸：“这都马上考试了，老师占体育课你至于这样吗？为什么其他同学都不抱怨？你天天抱怨，除了浪费时间，还有什么用？”

场景4

孩子："妈妈，我写作业写得好累，我……"

妈妈："就你累？你的同学不累？一学习你就想偷懒！"

场景5

孩子："妈妈，我这次考试考得太差了。"

妈妈："你现在知道差了！你早干什么去了？你早点听我的话至于考成这样？"

上面5个场景，你是否熟悉呢？你会发现，这些表达里，父母"听"完之后，还没来得及"闻"，还没来得及静下心弄明白孩子想表达什么，就开始带着自己的"思想"去评判、去指责、去挖苦。孩子在生命之初表达自己时，如果外界的反馈总是否定的，孩子就容易陷入委屈、沮丧甚至屈辱中，他就不可能建立起真正的自信。

一旦孩子在童年时缺少父母耐心的倾听和陪伴，压抑的情绪长时间无处释放，内心就会充满不被尊重、不被爱的感觉。当孩子一次次碰壁，发现与人沟通并不美妙，甚至总是让自己陷入尴尬境地时，孩子就会闭上嘴巴。在闭上嘴巴的那一刻起，他也开始关闭自己的心。这类孩子极容易进入一种自我怀疑、自我否定中，变得孤僻、自卑、不愿与人沟通。长此以往，会对他们的工作、学习、生活造成极大的困扰。

大凡是一名小学四年级学生的父亲，他在一家品牌公司担任市场部经理。大凡的业务能力非常突出，领导对他也十分赏识，但他总是忍不住觉得，自己无法胜任这份工作。

大凡所负责的市场部有20人左右，每次开部门会议时他都非常紧张。每次开完会，他都会把自己在会上说的话回忆一遍，同时开始否定自己，或认为自己有纰漏，或认为自己不够严谨，或后悔自己表达得不够流畅。

大凡非常讨厌自己的这种状态，他觉得以自己的能力完全够了，为什么总是觉得自己做得还不够好？

在一次线下课的“倾听”角色扮演中，大凡在说话时突然被人打断，并且对方开始滔滔不绝地表达自己的观点。这时，大凡突然表情凝重，面带愠色，像变了个人，让人感觉到紧张。

练习结束，大凡和大家分享了他做练习时的内心活动。当他被打断时，他突然想起了自己的母亲。小时候，每次他和母亲说一件事，母亲经常听到一半，就开始讽刺、挖苦他……尽管心里特别烦躁和生气，他都耐着性子等母亲说完。进入青春期后，他变得叛逆，很少和母亲沟通，同时他也很少在公众场合发表自己的见解和主张，因为他总担心自己说得不好，会受到别人的讽刺、挖苦或指责。

再后来，因为上学和工作的缘故，他很少有机会和母亲见面。他以为离开母亲的他，已经长大了，不再是过去那个被母亲否定的自己。但在做“倾听”练习时，当别人突然打断自己，他非常愤怒，他想大声地告诉对方不要再说了。这时，大凡才意识到他在努力忘掉的回忆，依然在深深地影响着自己。

大凡已经快20年没有和母亲生活在一起了，但他却一直活在母亲的“声音”里。做市场部经理的这些年，每次会议结束，总有声音在耳边提醒他：“你真笨！你这样做是不对的！还有更好的解决方案！”

大凡在母亲无意识的“说教”中形成了自卑的性格。现在他看明白了问题所在，即便他努力去改变自己，多年形成的性格也不易改变。大凡的幸运在于他找到了问题的源头，有多少人重复着自己童年的人际关系模式却不自知呢?

大凡回忆了自己当爸爸之后和儿子的沟通，他发现自己无意识中又重复了母亲对自己的说教、唠叨、批评、习惯性评判等沟通模式。以前儿子经常对他说：“爸爸，你说出的话都是你以为的。”当时大凡觉得“我说出的话当然是我以为的”。现在他才明白，孩子是在表达自己的郁闷，他想告诉爸爸：“我和你的看法不一样。”但孩子还小，他和当年的自己一样，并不知道如何把这个信息传达给父母。

我们希望这个世界如何对待我们的孩子，我们自己首先要用这样的方式来对待他。当孩子在表达自己时，我们停下来静静地听，静静地闻，孩子才有可能在和外界表达自己时，体验到被重视、被尊重。同时，只有我们静静地听，静静地闻，我们才有机会走进孩子的内心，理解孩子想表达什么，才能让孩子在表达自己的过程中建立自信、自尊、自爱。家庭是孩子自信的练兵场，父母是陪练。作为陪练的你，是否已经准备好了呢？

小练习

1.和孩子的沟通中，大部分时间你是处于“听”的状态，还是“闻”的状态呢？将自己和孩子沟通时的状态描述出来，写在下面的横线上。

2.小时候，父母中谁更理解你？对方做了什么，让你感受到自己被理解呢？将你的思考写在下面的横线上。

3.把这一节的内容分享给孩子，同时问问孩子，他认为你平时是如何倾听的？将孩子给你的反馈写到下面的横线上。

先放松再倾听，让孩子感知“我很重要”

大部分父母习惯对孩子说教、命令、唠叨、批评，没有意识到倾听对孩子的重要性。

菲菲是一名小学三年级的女生。

小时候，她每天叽叽喳喳的，特别爱说话。但随着年龄增长，她变得不爱说话，还经常发呆走神。看到菲菲的状态，妈妈很纳闷，原来那个活泼可爱的小女孩哪里去了呢？

当我问起菲菲为什么不愿意说话了，菲菲告诉我：“说了也没人听，还不如不说。”

原来，菲菲妈妈的工作特别忙碌，菲菲每次和妈妈说话，没等她说完，妈妈就会说：“快点，快点，没那么多时间了，赶紧去干正事！”很多时候，菲菲一肚子话没说完，还会惹来妈妈的批评教育。时间久了，菲菲索性就不说了。

在和菲菲妈妈的沟通中，我发现她是知道倾听对孩子成长的重要性的。但她坦言，安静下来听孩子说话对她太煎熬。是什么阻碍了菲菲妈妈倾听孩子呢？菲菲妈妈说，她每天都处在焦虑状态，这种状态让她很难真正地放松下来。

菲菲妈妈的情况并非个例，而是今天诸多父母普遍会面对的情况。那让大家普遍焦虑的原因是什么呢？

这要从社会大环境说起。

回到20世纪80年代或者更早时间的手工业时代，我们的衣服、鞋子等生活物品都是纯手工制作。那时一个纺线的老人，可以摇着纺车慢慢地摇，一天又一天。一双老布鞋，从开始到最后完成，需要6个月甚至更久。

那个年代，时间很慢，人也很慢。

随着社会进入机器大工业时代，以纺织业为例，一排排机器慢慢取代了手工。这时人的工作不再是做工本身，而是成了机器管理员。机器管理员最重要的工作就是看管好所有的机器，保证机器正常运作，以保证生产的效率。

如果机器正常运转，管理员视为一切正常；一旦某台机器出了问题，管理员就要快速行动，迅速解决问题。因为只有快速解决问题，才能快速恢复生产，保证生产效率。

久而久之，管理员的工作就变成了找问题，找各种各样的问题来避免生产线停工。

当以效率为导向的找问题状态成为生活的常态，我们每个人就无意识地成为“找问题”的人。不得不说，这种“找问题”的思维方式，在工作中可以极大地提升我们的工作效率。但这种思维方式形成后，它不仅被运用于工作中，也会被不由自主地运用于和孩子的沟通中。

我们甚至意识不到，我们养育孩子的过程中也会侧重于找问题。做得好是应该的，做得不好要立刻让孩子改正。这也是为什么我们和孩子相处的过程中，似乎挑刺、找问题，我们不用特意学习就可以无师自通；而学会欣赏、找到孩子的优点，我们却需要抓耳挠腮想半天。

当菲菲妈妈看到这里，她突然意识到，孩子上幼儿园时，似乎自己是比较有耐心的。孩子上小学之后，自己就变得异常焦虑。**焦虑恰恰是我们过度追求效率的产物。当我们焦虑的时候，我们的焦点都放在“有用的”“有价值的”事情上。**

原来，在菲菲上幼儿园时，妈妈认为这个年龄的孩子最重要的事情就是玩，“玩”是这个年龄段“有用的”“有价值的”。在菲菲进入小学后，妈妈的想法也随之改变。这时“学习”就成了妈妈心中最有用、最有价值的事情。学习不努力意味着没有高的产能，没有高产能就意味着落后，落后就意味着考不上好的学校，考不上好的学校就意味着没有好的工作，没有好的工作就意味着没有好的人生……

这一大串的逻辑每天活跃在她的大脑里，让菲菲妈妈始终处于一种紧张状态。她尝试过静修、打坐、辟谷等各种课程，希望借助外力让自己静下来。每次都是刚参加完课程的那段时间还不错，但很快就会回到她原来的状态。

每次菲菲妈妈在工作中累了一天，回到家听着菲菲叽里呱啦地说着学校的事情：同学谁和谁打架了，老师又占用美术课了，小伙伴又弄坏了自己的玩具……妈妈的第一本能反应就是“这孩子，净说些没用的”。

这些听起来无聊的、乏味的、抱怨的内容，在妈妈眼中和提升效率没有任何关系，因此她更希望菲菲不要关注这些。

带着这种心态，每次菲菲和她说话，她的第一反应不是要好好听孩子到底在说什么，而是考虑如何把菲菲从这些没用的事情里拉出来，免得她沉浸在这些琐事上浪费时间。可这么多年以来，菲菲不但没能从这样的“琐事”里跳出来，反而因为妈妈不给她机会表达，变得更加关注这些“琐事”，并沉浸在这些“琐事”中。

妈妈意识到问题所在，她知道了倾听对一个孩子的重要性，但又不无担心地问：“她那么小，根本说不出什么有价值的信息。继续听下去不是浪费时间吗？大把的时间就这样被浪费掉，太让人着急了。”

从菲菲妈妈的表述中，我们可以看到“她那么小，根本说不出什么有价值的信息”是她头脑里的一个信念。“信念”决定“行为”，正是菲菲妈妈头脑中的“信念”阻碍了她对菲菲的倾听。“信念”不改变，菲菲妈妈有再多的倾听技巧和方法，都无济于事。

这时，松动菲菲妈妈头脑中的信念就成了解决问题的核心。于是我问了菲菲妈妈几个问题。

我：“你认为孩子小，说不出有价值的信息，那什么才是有价值的信息呢？”

菲菲妈妈：“可以让她变得更好的。”

我：“这个说法有点抽象，什么才是让她变得更好的呢？”

菲菲妈妈：“嗯……比如可以让她学习更好的。”

话说出口的同时，菲菲妈妈开始笑。她终于发现在倾听这件事上，自己有多“功利”。菲菲妈妈关注的是学习，倾听要带来价值才行，更确切地说，是能让学习变得更好的才值得倾听。这就造成妈妈在和菲菲沟通时会选择性地倾听，只听自己认为有价值的。

大人认为有价值的和孩子认为有价值的，标准一样吗？

当然不一样。

孩子是天然活在当下的，发生在他生活中的每一件事对他来说都意义重大。菲菲会认为老师占用美术课对她是天大的事，可能她期盼了一个星期，计划在美术课上完成一幅作品，这突然的变动打乱了她的计划，她有情绪。同学弄坏了她的玩具对她是天大的事，这玩具可是妈妈买给自己的生日礼物，她希望同学给她道歉，可对方竟然什么都没说，她有情绪。类似这种事情，都是孩子认为重要，但父母认为不重要的事情。这时，孩子一开口，父母就会阻止孩子表达，而孩子的情绪就这样被积压和沉淀下来。“这个世界上没有人真正在乎我，我是孤独的。”外界给菲菲的反馈是这样的，而菲菲也在这样的声音里变得越来越沉默。

我：“所以，如果倾听能让孩子感受到被爱、被在乎，你觉得算不算有价值呢？”

菲菲妈妈：“温老师，那当然算。可是……倾听就能让她走出现在的低落状态，变得热情自信吗？”

我：“当我们认真地倾听孩子的表达，这份专注给孩子的价值感和存在感会让孩子觉得自己很重要，而这份重要的感觉可以让孩子更加自信、有力量。”

菲菲妈妈：“在我心里，孩子是重要的。没想到孩子竟然感受不到自己很重要。”

倾听本身无法给父母带来“功利性”的收获，但倾听本身传递给孩子的安全感和价值感，足以让孩子受益一生。父母的表达可以给孩子一份外在的“知识”，而父母的倾听可以传递给孩子内在的“力量”。

当我们能够从时代匆忙的洪流中短暂地跳脱出来，我们才有机会让自己安静下来。当我们带着这份安静去听、去闻，我们会看到孩子由内而外散发出的自信和坚定。

小练习

1.越放松，越有倾听的能力。在时代的洪流中，我们不可避免地被快节奏的环境所影响。感受一下你自己的焦虑指数（0～10分，10分满分），你觉得你的焦虑指数有几分呢？焦虑指数为：___

列举你的焦虑来自哪几方面：

第一，________________

第二，________________

第三，________________

2.一个人的信念决定一个人的行为。当我们不愿意倾听，没有耐心倾听时，一定是我们头脑中的某个信念影响了我们。在倾听这件事情上，你头脑中的“信念”有哪些呢？写在下面的横线上。

____

____

____

3.只有找到一个人不愿意倾听的“信念”，我们才有机会改变他的行为。当找到一个人的“信念”，我们可以通过发问来帮助对方改变信念。比如，当一个人认为“太爱说话的孩子没有城府”，带着这样的信念，他很难安静下来倾听孩子的表达。那么，我们如何发问才可以松动他的信念呢？把你的问题写在下面的横线上。

问题一：________________

问题二：________________

问题三：________________

父母“去听”，更要“会听”，挖掘孩子隐藏的“话中话”

当我们准备好耐心地、相互尊重地聆听时，我们才有机会在和孩子的沟通中收集到更全面的信息，以减少沟通障碍。当我们静下心来认真聆听时，我们到底要聆听孩子所表达的哪些信息呢？

小雅是一名小学一年级的学生。

这天放学，一进门她就向妈妈飞奔过去，激动地说：“妈妈，你说神奇吧？开学不到一个月，我们就换了新的英语老师。”妈妈看到她激动的样子，瞬间也被感染了，她配合着女儿的声调，声情并茂地问：“哇，换老师了？这太神奇了，这个老师漂不漂亮？她除了你们班还带哪个班？”

这时，只见小雅有点泄气地说：“我不知道。”

小雅妈妈张了张嘴巴，心里想：“我好好地和你说话，好好地听你说话，你看你这副样子，竟然不想和我说！”想想自己刚上了父母课堂，小雅妈妈什么都没说。

没批评孩子，不代表小雅妈妈没有情绪。她带着各种疑惑和不满在周三的父母课上分享说：“我已经很努力地走近小雅了，可她竟然不想回答我。太让我上火了！”

我让小雅妈妈做了一个角色扮演的练习，她来扮演孩子。

小雅妈妈扮演的孩子说：“妈妈，你说神奇吧？开学不到一个月，我们就换了新的英语老师。”

搭档扮演的妈妈说：“哇，换老师了？这太神奇了，这个老师漂不漂亮？她除了你们班还带哪个班？”

练习之后，小雅妈妈有些纳闷地分享说：“这个感觉很特别。在‘妈妈’开口前她本来很开心，但当‘妈妈’连着问她两个问题，她瞬间没了思路，不想再继续说下去。另外，很重要的一点是，‘妈妈’问的问题，自己确实也不知道如何回答。”

我建议小雅妈妈回家以后和孩子重新讨论这个问题，这次小雅妈妈不需提问，就只是“听”，必要的时候点头，并重复孩子话里的关键词。小雅妈妈带着极大的好奇回到家，她和小雅有了下面这段对话。

小雅妈妈：“宝贝，我记得你说最近换了新的英语老师。”

小雅：“是啊，妈妈，这个老师上课只讲15分钟，剩下的时间让我们4人一组练习对话，我们非常喜欢这样上课。”

小雅妈妈：“嗯，分组练习对话，你们都很喜欢。”

小雅：“是啊，妈妈，这样我们很快就把课文背熟了。如果我们课上就把课文背熟了，老师还会给我们盖一个大拇指的小印章。”

小雅妈妈：“呀，还会有大拇指小印章奖励！”

小雅：“哈哈，对呀！妈妈，你知道吗？我已经连着4节课当堂完成背诵啦，你看这是老师给我盖的小印章，现在还差一个小印章，我就可以当我们组的小组长啦！”

就这样，妈妈和小雅你一言我一语地聊得火热。过程中，妈妈看着小雅的眼睛不断地点头、微笑，必要的时候重复小雅话里的关键词。那天，小雅和妈妈分享了老师和孩子们互动的趣闻。看得出，小雅特别喜欢新来的英语老师。

小雅妈妈在和孩子的沟通中才意识到，原来孩子的内心是那么丰富。当我们放下内心所有的想法、所有的评判，就只是带着好奇去“听”、去“闻”，孩子会按照自己的逻辑，最直接、最清晰地向父母表达自己想说的。她不需要引导、不需要指点，她甚至不需要你开口，她只要确认你在听，只要确认她说出的话是有人在乎的。这份“陪伴”和“看见”本身，就是对她最大的激励和滋养，而这份被在乎的感觉也终将成为她自信、自尊、自爱的能量源泉。

在倾听孩子的话的基础上，我们还要善于倾听孩子语言背后的情绪和需求。

有时候，孩子在表达自己时，他的语言不一定是精准的，甚至有些表达带着自我保护式的“扭曲”。如果我们在倾听时，只“听”表面而没“闻”内在，就非常容易被表面信息所迷惑。这时，我们根本无法听到孩子内心真实的想法。更严重的是，一旦我们对表面信息信以为真，我们会非常容易说出伤害孩子的话。

小楚是一名小学三年级的男生。

自从小楚上了小学，他们家就没有安稳过。性格活泼、注意力不集中的小楚，经常被老师点名批评。比如，上课时做各种小动作，某项作业没有完成，各种小练习、小测试总是考得一塌糊涂，等等。

每次考试，看着小楚试卷上龙飞凤舞连自己都分辨不清的字，听着老师一次次苦口婆心的提醒，小楚妈妈经常失眠到半夜。她不明白小楚为什么变成了这个样子。更让她恼火的是，自己这样为小楚的学习担心，但小楚自己总是一副吊儿郎当、漫不经心的样子。每次拿到试卷，他经常半路将试卷扔到垃圾桶中。回到家还一副事不关己的样子，告诉妈妈找不到了。

一次，他再次把试卷扔掉，妈妈生气地大声呵斥小楚说：“你看看你这副样子，再这样下去你就废了。”没想到小楚皮笑肉不笑地说："我就这样，我已经废了。"

看着小楚近乎麻木的状态，妈妈崩溃了。她认为孩子没有羞耻心，破罐子破摔，已经没救了。

事实上，小楚妈妈只是"听"到了小楚语话里的云淡风轻，她并没有"闻"到小楚内在情绪的翻江倒海。每个人都天然地希望被爱、被看见，小楚也一样。他学习不好，专注力不好，考试成绩不好，经常给爸爸妈妈添乱……太多的不好，让他对自己失望，对父母愧疚。这些情绪，尽管他从来不曾表达，却深深地埋藏于他的内心深处。

只有环境足够安全，一个孩子才有可能卸下伪装，表达自己内心的脆弱。事实上，小楚不是不想表达，而是一直没有机会。因为每一次他还没来得及表达自己，就已经淹没在爸爸妈妈劈头盖脸的训斥和指责中。在一次次被嫌弃中，小楚学会了逃避和伪装，他穿上厚厚的铠甲，保护着脆弱的心。一个孩子，他的外在有多强大，他的内在就有多脆弱；他的外在表现得越不在乎和不屑，他的内在就越在乎和不甘。

这时，妈妈回忆起小楚上小学二年级后经常睡不好，有时候会起身发呆或自言自语，有时候小楚没有起身，却一直在说着一些很生气的话……以前，小楚妈妈以为孩子是多梦，现在她才意识到，这是孩子白天卡住的情绪在通过潜意识表达。想到这里，小楚妈妈流下了悔恨和心疼的眼泪。她一直认为不在乎成绩的儿子，原来内心是那么在乎，而她认为的没脸没皮的背后，竟然是孩子几近崩溃的挣扎……当小楚妈妈醒悟后，她第一时间给了小楚一个大大的拥抱。但她明显感觉到小楚的身体在向外挣脱。是的，**当我们试图走进孩子封闭已久的心，孩子会怀疑、会逃避，会有强烈的排斥和不适应。**

不管小楚如何挣脱，妈妈始终将小楚紧紧地抱在怀里，而小楚也在妈妈持续的拥抱中慢慢地放松下来。

妈妈一边爱抚着小楚的后背，一边对小楚说："妈妈错了，妈妈从来没有体会过你的压力和挫败。每次当你表现不好的时候，我就开始指责你，我把自己的沮丧和挫败全都转移到你身上，却从来没有想过你的感受。"

小楚听着妈妈声泪俱下的表达，他第一次趴在妈妈怀里号啕大哭："妈妈，老师说我废了，同学说我是笨蛋，你和爸爸一直说我这也不行、那也不行。所有人都告诉我，我很差劲，我是个坏孩子。可是妈妈，你知道吗？我也希望自己好，我也希望别人看我时能有羡慕的眼神！"

小楚泣不成声，妈妈的心都碎了。

三年来，爸爸妈妈从小楚的语言和行为上，感受到小楚根本就不在乎学校的成绩，这才是他们一次次批评小楚的原因。他们认为落后并不可怕，可怕的是小楚满不在乎的态度。今天，小楚妈妈才意识到，她从来没有真正走进孩子的内心世界，去倾听孩子内心的声音。这时，妈妈紧紧地抱住小楚，任由小楚在她的怀抱里失声痛哭，只有在这一瞬间，妈妈才看到了小楚真实的状态。**只有孩子感受到安全，他才能做回真正的自己，他才有机会表达自己真实的想法和感受。**

倾听孩子，是走进孩子内心世界的第一步，也是和孩子建立良好亲子关系的前提。当我们静下心来倾听孩子的话的同时，听懂孩子语言背后的情绪和心理需求，才能了解孩子真实的状态，和孩子建立良好的亲子关系。有了良好的亲子关系，才能让有效沟通成为可能。

小练习

1.在孩子和我们说话时，我们会忍不住表达和发问。不妨给自己设计一句“暗语”，让自己学会倾听。比如“我先听听小家伙到底想说什么”“我不说，他才有机会说”等。你会为自己设计一句怎样的“暗语”呢？将它写在下面的横线上。

2.倾听孩子，从倾听孩子的语言开始。倾听时，配合做到以下要点才会有更好的倾听效果。

第一，放下手头的事情，专注地看着孩子的眼睛。

第二，身体语言要到位，点头、拥抱等。

第三，适度重复和陈述孩子表达中的关键词。

在本节中，找到小雅妈妈重复小雅关键词的语句，并将这些关键词写到下面的横线上。

3.在倾听孩子语言的基础上，我们还要倾听孩子语言背后的情绪和需求。比如，孩子考得不好时，他说："这次数学考试，不是我一个人考得不好，题太难，同学们都考得不好。"你在孩子的表达里听到了什么呢？你本能地会和孩子说些什么呢？在A、B、C中选出你可能的表达方式：________

A.又开始推卸责任！你怎么不和那些考得好的同学比？

B.这次考得不好没关系，下次努力就好了。

C.你觉得你自己考得不好，所以你对自己是有期待的。来，宝贝，和妈妈说说，这次考多少分你就对自己满意了呢？

选项分析：

A感觉是在质疑孩子，让孩子觉得自己不但考试没考好，还在推卸责任。

B暗示孩子考得不好，笼统地安慰容易让孩子感受到被敷衍，也没办法从根本上给予孩子力量。

C是父母透过孩子的话看到了孩子的沮丧和失望。如果父母说我感觉到你很失望、很沮丧，孩子可能会本能地排斥。但当父母说"你觉得自己考得不好，所以你对自己是有期待的"，这时，虽然没说孩子对自己很失望，却暗含了孩子期待落空之后对自己的失望。这时父母的表达中有对孩子情绪的认同。并且妈妈问"这次考多少分你就对自己满意了呢？"，这是妈妈在帮助孩子明确对自己的要求。妈妈始终没说"你很棒"，却一直和孩子站在一起，给孩子力量。

父母要有“倾听”的能力，更要有“不倾听”的智慧

当我们知道倾听能够给孩子带来自信，塑造优质的亲子关系，我们愿意蹲下身来倾听孩子，走进孩子的内心世界。但当我们尝试了很多次倾听却无效，或者当我们自己的状态不佳时，我们与其努力地让自己“表现”得像是在倾听，不如如实地告诉孩子，自己此刻做不到倾听。这时候停下来，倾听自己内心的声音，比倾听孩子更重要。

小信是一名小学六年级的男生，最近他迷上了网络游戏。

这天，他瞒着妈妈充值3次，总金额高达2000元。妈妈发现后，非常恼火。她一直信奉“相信孩子”，相信孩子有足够的自觉性和控制力，但她完全低估了网络游戏的吸引力。

在父母课堂学习了“倾听”之后，小信妈妈试着和小信沟通。

妈妈：“我知道你特别想玩游戏，但我看到你无法抵制游戏的诱惑。我和爸爸商量后，达成了一致意见：一是只有周末可以玩游戏，每次时间为40分钟；二是不允许充值。”

小信：“妈妈，我不能答应你。你知道吗？对玩游戏的人来说，每次40分钟和不玩没什么两样。每次才开了两局就结束了，这很没意思。”

妈妈：“我知道对你来说有挑战，但现在游戏已经干扰到我们的正常生活。我和爸爸唯一能做到的就是允许你周末两天各玩40分钟。”

小信：“妈妈，我们同学的爸爸也玩游戏，也充值，为什么我同学就可以无限制地玩游戏，而我就不可以呢？我同学的游戏级别已经比我高出了五六个段位，现在我就是天天玩，也无法赶上他们，因为他们也在天天玩。如果我每周只有周末两天玩，每天只有40分钟，这样我和同学根本就没有共同语言。我觉得如果平时不玩，只有周末两天玩的话，至少每天玩2小时才有意义……”

听着小信一连串的理由，妈妈知道小信在做最后的争取。她想起课程中提到的界限和允许对方有情绪，她决定不再倾听，而是给孩子时间，让他自己去消化和接受这个事实。

想到这里，妈妈告诉小信，自己手头上还有其他事情，没有时间继续和他说。说完这些，小信妈妈果断离开了现场。

学习了育儿知识的父母，很容易从一个极端走向另一个极端。学习之前对孩子无限度地严厉，学习之后又变得不节制地和善。**当孩子出现偏差行为，我们要及时地和孩子说明自己的底线。**这是我们做父母的底气，也是我们做父母必须有的尊严。

父母有底气，孩子反而会因为敬畏父母由内而外散发出来的力量而选择顺从。如果父母是愚昧的，那么父母越有底气，越会伤害孩子。如果父母是智慧的，能够带着慈爱有理有据地表达自己，即便孩子在短时间内有情绪，他在冷静下来之后依然可以透过父母的威严，感受到自己的无理取闹。

在妈妈离开的瞬间，小信确实非常沮丧。

他担心同学会笑话自己级别太低，又气馁自己没有和妈妈谈判的余地。尤其当他发现妈妈和他说完后，根本没有关注他的情绪，而是去忙自己的事情，她甚至开始和爸爸讨论晚上去看电影的事。

“这样的好事，我怎么能错过呢？”小信在一番纠结挣扎后，选择了妥协。

这份妥协里，有小信对自己进入初中后学习时间严重不足的分析，也有他在妈妈身上感受到的坚定。想到这里，小信决定不再躺在床上假装痛苦，而是偷偷地告诉自己：“每周能有两个40分钟已经很好了，很多同学都摸不到游戏机呢。”

小信走出房门，故作轻松地喝水并听起音乐，看上去就像他刚才不曾有过任何情绪。

看着小信走出房间时一脸轻松的样子，妈妈回到卧室使劲拍着自己的胸口，对丈夫说："吓死我了，我还担心他会郁闷地躺几天呢，多亏我坚定地守住了底线。"

狂喜过后，妈妈回到客厅一脸淡定地说："哦，对了，小信，我和爸爸商量着晚上去看电影，你要不要一起呀？"

陪伴孩子成长的路，是斗智斗勇的路，也是其乐无穷的路。**我们除了要有倾听的能力，更要有"不倾听"的智慧。这份不倾听里，有力量，有底气，有对孩子的压力，更有对孩子情绪的允许。**这种"不倾听"，看上去是不倾听，却和无意识地不倾听有着本质的区别。这种"不倾听"是了解了孩子的状态之后，智慧地达成目标的一种途径。

除了有意识地"不倾听"，有些时候我们会因为个人原因真的无法做到倾听。这时，我们有必要告诉孩子我们真实的状态。

大成是一位私企老板，他有一个上小学四年级的儿子和一个上幼儿园大班的女儿。

大成平时的工作十分忙碌。作为父母课堂上为数不多的爸爸学员，大成一直能很好地陪伴两个孩子。他会给孩子们讲故事，陪孩子们玩游戏，偶尔也给孩子们做好吃的。他用自己的方式成为两个孩子眼中的好爸爸。

这天，大成回到家时已经晚上8点了，他半躺在沙发上休息。

两个小家伙见爸爸回来了，原本在玩三国杀的他们叽叽喳喳地来到爸爸跟前，哥哥抢着和爸爸分享自己是怎么赢了妹妹的，而妹妹则要向爸爸告状，说哥哥是如何欺负自己不会玩游戏的……

看着两个兴奋的孩子，大成感觉自己心烦意乱，根本就没有心力好好陪孩子。这时大成坐正了身子，让两个宝贝来到自己怀里，亲了亲他们，对他们说："爸爸今天特别累，我需要休息一会儿。"

两个孩子看到爸爸的状态，悄悄地给爸爸端了一杯水，然后轻轻地离开了客厅。

大成在父母课堂上分享这个瞬间时，现场的妈妈们无不为之动容。原来，因为市场大环境不好，大成的公司已经连续四五个月亏损，那天晚上他和爱人商量着打算解散公司，可他不想告诉孩子。他认为有些东西不是孩子应该承受的，也不是他们这个年龄能承受的。

我们用自己并不完全坚强的肩膀给孩子撑起了一片天，我们希望孩子无忧无虑地快乐成长，我们更希望孩子在被倾听中感受到力量，但我们不是完人，我们无法随时随地倾听孩子，也无法每时每刻都照顾好孩子的情绪。**即便在那个当下我们没有倾听，孩子依然可以在父母坚毅的脸上读懂坚强，感受到向上的力量。**

当我们允许自己无法倾听孩子，是对自己的一份接纳，更是对孩子的一份信任。我们要信任孩子天生是爱父母的，当父母情真意切地告诉孩子自己的状态，孩子不但愿意配合我们，更愿意为父母做些什么。**为人父母，请记得，在倾听孩子之前，先倾听你自己。**

小练习

1.父母要有“倾听”的能力，更要有“不倾听”的智慧。和孩子的沟通，也是一场博弈。我们可以不轻易做决定，但一旦做了决定，就要言出必行。有些时候，我们明明已经感受到孩子在步步紧逼或者无理取闹，却依然压着脾气倾听。当你看到你过往的那次“不想倾听”的“倾听”，你最想和自己说什么呢？

2.一个处于压力状态的人是无法做到真正倾听的。有一件事情很重要，但因为种种原因你迟迟没有去做。这件事情是什么呢？写在下面的横线上。

3.或许你会说：“温老师，我的孩子没那么听话。我难过的时候和孩子说，他依然会缠着我。”如果孩子是这种状态，那么一定是家庭成员很少表达自己的情绪，同时也说明孩子暂时不具备感受和照顾别人情绪的能力。孩子感受和照顾别人情绪的能力需要和谁学习呢？父母是原件，孩子是复印件，父母才是孩子学习的最好榜样。针对这种情况，我为你准备了一段话，在读的过程中请你感受自己的心：

我的孩子暂时不具备照顾别人情绪的能力，而我是有责任的。我接纳孩子的状态，同时也接纳我做得不够好。我知道，当我为自己蓄能，我会有足够的能力给孩子提供支持。只有孩子被真正爱过，才有能力真正地去爱别人。我相信我可以做到，我也相信在我的影响下，孩子也可以做到。

孩子说的是“真话”还是“假话”？听明白才能说清楚

仅仅会倾听，还远远不够，我们更需要智慧地区分孩子说的是事实还是演绎。只有在倾听中保持这份觉察，我们才能对两者有所区分，我们才能带领孩子走出情绪，并让孩子在经历中有所学习和成长。

小慧是一名小学二年级的女生。

她的学习成绩一直十分优秀，但最近她和妈妈发生了一些不愉快。

从上小学开始，小慧的学习成绩一直排在班级前几名，各科老师十分喜欢和关注小慧。最近，数学老师多次反馈，小慧不再举手回答问题，还经常走神。

每次妈妈和小慧说起这件事，小慧都会说：“我举手也回答不上来。”妈妈每次都会耐心地听她说，并不断认同和鼓励她：“只要你勇敢举手，回答不上来也没关系。”

日子一天天过去，情况没有改变，小慧整个人的状态也越来越差。一天，小慧告诉妈妈自己害怕上数学课。当妈妈鼓励她可以尝试举手时，她依然重复着那句话：“我举手也回答不上来。”

看着固执的小慧，妈妈无计可施，非常烦躁。

妈妈在这件事上充分地做到了对小慧的倾听，却一直没有改变小慧不愿举手的状态，问题出在哪呢？问题就出在妈妈在倾听中没有对小慧“我举手也回答不上来”这句话进行区分。

这句话是事实还是小慧的演绎呢？

假设“我举手也回答不上来”是事实，说明小慧无数次举手，无数次都没回答上来。并且不管问题难易，从来没有回答上来过。这是否属实呢？我们明显能看出这句话不是事实，而是小慧的演绎，而她的演绎也一定建立在某一次事实的基础上。

当妈妈说“回答不上来也没关系”，给小慧的感受是，妈妈认同“我举手也回答不上来”这个观点。这时无论妈妈如何倾听，只会强化小慧的演绎。如何让孩子意识到她说的是演绎而并非事实，就变成了这次沟通的重点。

妈妈再次和小慧聊起这件事。和之前不同的是，妈妈这次没有着急去认同她回答不出问题的尴尬，也没有着急去鼓励她只要举手就是进步，她只是平静地问小慧：“从你进入小学到现在，老师所有的提问你都回答不上来吗？”

小慧思考了一会儿说：“以前是可以回答上来的，但现在不行了。”

妈妈又问：“是从哪一次开始，你回答不上来了呢？”

小慧回忆道：“有一次，数学老师问一个人的身高是150，后面应该是什么单位，我回答说是米。那一刻，全班同学哄堂大笑。”

妈妈又问：“如果老师再问这个问题，你能不能回答上来呢？”小慧确定地点头。

这时，妈妈继续问：“一个知识点只要掌握了，就有可能回答对。只要认真复习并掌握了这些知识点，你就可以回答对，是不是？”

小慧若有所思地点头。

小慧在当时回答问题出错后，她的内心发生了什么变化呢？

在自己回答问题出错后，同学们哄堂大笑，这让小慧感到强烈的羞耻感或者挫败感，她的内心瞬间生出一个声音：“真丢人，以后再也不举手了！”这是潜意识的自我保护机制在起作用，潜意识用这样的方式提醒她来避免这种尴尬。这一系列过程是在潜意识中自动化运作的，甚至小慧自己都不清楚发生了什么，但她已经陷入一种“我举手也回答不上来”的错误认知中。

一旦孩子陷入对某件事情的错误认知里，这时父母越是倾听、

越是认同，越会强化孩子的错误认知。这时通过发问让孩子看到事实，她演绎出来的观点就会不攻自破。

作为一名心理学从业人员，在倾听中第一时间区分孩子说的是事实还是演绎，是一项最重要的基本功。这项基本功可以帮助孩子在第一时间精准地看清问题，从而有机会快速地解决问题。

小凝是一名初中一年级的住校生。

最近，她和室友发生了一些冲突。起因是其中一个室友说："小凝，你家条件好，这周你应该请我们几个吃饭。""凭什么我家条件好，我就应该请大家吃饭呢？"小凝觉得这个理由很牵强，她拒绝了。

小凝的拒绝不但得罪了提议让她请客的女生，也让宿舍另外两个女生觉得她小气，她们合起伙来孤立小凝，不和她说话。不堪压力的小凝，几次打电话让妈妈要么给自己转学，要么让自己回家住。

起初，妈妈觉得小凝小题大做。她觉得小凝已经是初中生了，应该有能力处理好最基本的人际关系。妈妈把所有的失望和愤懑都写在脸上，用各种方式给小凝施压，希望她可以自己解决这个问题。

这之后，小凝的状态越来越差，还发展为经常性失眠，要靠药物才能睡去。但药物的副作用让小凝在白天也无精打采。老师也经常指责小凝注意力不集中。各种压力之下，小凝和妈妈提出了休学。

听到这个消息后，妈妈先是一惊。但她看到小凝一脸的憔悴，顿时心软了。

妈妈实在搞不明白："不就和几个同学关系不好吗？怎么会严重到这种地步呢？"

见到小凝，我先问了她一个问题："学校里最让你无法承受的事是什么？"小凝想了想说："班里没有人喜欢我。"

在和小凝交谈的过程中，我了解到，小凝虽然是和宿舍的3个女孩发生了矛盾，但每个女孩都有自己的闺密。这样一来，小凝感觉到她的"敌人"不是3个，而是一群。这时我们无论如何倾听她、理解她，都是建立在她有"一群"敌人的基础上。我们越是倾听她、理解她，她越是认同自己有"一群"敌人。

听到小凝的回答，我拿出一张纸，示意小凝把她想到的"敌人"都写在这张纸上。小凝思考了很久之后，在纸上写下了7个名字。看着这7个名字，我问小凝："你说的班里没有人喜欢你，指的是这7个人，对吗？"

这时，小凝看着我长长地舒了一口气。我知道，她自己也十分惊讶，她认为的"一群"人，原来只有7个。

当我们和外界发生冲突，潜意识会第一时间启动自我保护机制，一旦我们没有明确告知潜意识"敌人"到底有多少，潜意识就会默认是一个"黑洞"，意味着很多很多。小凝的潜意识正是如此。

和室友发生冲突后，同学的小声聊天都会让小凝感受到危险，她开始草木皆兵。她越是关注这些，就越是紧张。越是紧张，就越是想逃离。而妈妈的倾听之所以无法帮助小凝，是因为妈妈所有的理解、安慰都是建立在认同“黑洞”存在的基础上。而通过发问，让小凝的潜意识用“7个人”替换掉“黑洞”，这时潜意识就安静下来，而小凝的情绪也稳定下来，不再处于“周围都是敌人”的被害妄想中。

不管是作为专业的心理咨询师还是作为父母，和孩子沟通时区别孩子说的是事实还是演绎，是倾听中重要的一环。这不仅仅是节约时间的问题，更重要的是我们可以找到问题的根源。只有找到问题的根源，我们才能切实地解决孩子的困惑和烦恼。

小练习

1.如何区分事实还是演绎呢？

比如，孩子10点钟写完作业。如果父母说“你写完作业太晚了”，这是演绎。而如果父母说“我看到你10点钟写完了作业”，这是事实。

比如，孩子把一个小朋友推倒在地。如果老师说“你总是欺负比你弱的同学”，这是演绎。而如果老师说“我看到你把小朋友推倒在地上”，这是事实。

找到孩子的一个行为，分别用事实和演绎来表达。

事实：____________________

演绎：____________________

2.孩子的演绎是无意识的。比如，孩子会说：“同学都不喜欢和我玩。”“没有一个老师喜欢我。”“不戴眼镜的老师都是性情暴躁的。”“爸爸只有在我考得好的时候才会爱我。”……你想到了孩子的哪些“演绎”呢？试着把你想到的写在下面的横线上。

3.区别孩子说的是事实还是演绎，是倾听中重要的一环。如果一个孩子认为“爸爸只有在我考得好的时候才会爱我”，你会如何对他进行发问呢？

Chapter 6 >>>

有效发问
——探寻孩子表达中的真相

每个人都活在自己创造的主观世界里，作为成人，我们非常容易陷入说教、评判、指责、命令等表达中。相对这类喋喋不休的表达，发问更容易引发对方的思考，让对方在思考中厘清信息，尽可能多地还原真相。唯有得到的信息越接近真相，我们对孩子的引导才越有意义，也越容易被孩子接受。

父母会发问，孩子更爱独立思考

传统型父母习惯对孩子进行唠叨式或命令式说教。在这种沟通中，他们会直接将答案教给孩子，告诉孩子不要这样、不能那样、应该怎么做。这种满满的命令味道通常会让孩子感到压抑和沮丧，无法让他们感受到沟通的乐趣。随着孩子长大，父母要在表达的基础上，具有发问的意识。

所谓发问，是指用提问代替说教和命令，通过发问引导孩子尽可能多地还原事情的前因后果，厘清想要的目标是什么、现有的解决方案是什么、实现目标过程中谁可以提供帮助，等等。**发问，让我们得到更多有效信息，还可以鼓励孩子在思考中形成自己的逻辑和答案。**这时，父母只需要做陪伴者和支持者，而非命令者和指挥者。

小安是一名小学三年级的男生。

这两周以来，班主任连着3次给小安的父母打电话，反映小安多次和班上一位男生发生冲突。最后一次通话中，老师表示十分担心小安的状态，因为这次冲突中小安和对方发生了肢体冲撞。

小安的爸爸妈妈一致认为小安多次和同学发生矛盾，这是明知故犯。爸爸准备揍小安一顿，让他长长记性。

晚饭后，一家三口坐下来讨论如何解决这个问题。

小安爸爸一上来就严肃地对小安说："老师已经不止一次反馈你欺负同学了，你个子高就可以欺负同学吗？你身体壮，还有比你更强壮的！去学校是学习的，不是打架的。"听爸爸这样说，小安一脸的不耐烦："爸爸，老师说我欺负同学，你也说我欺负同学。为什么你们都说我欺负他？"

看到小安的态度，爸爸更恼怒了，他气愤地说："我不管谁欺负谁，以后不准和同学发生冲突。班里那么多同学，大不了你们不要一起玩。我上班这么累，还得天天被你们老师批评！""我以后不让老师找你，我可以自己解决！"小安明显也处于"情绪脑"状态中。

看小安这么激动，妈妈示意爸爸先停下来。她知道这样的谈话对解决事情没有任何帮助。

这时，妈妈不断地抚摸着小安的后背，帮助小安平复情绪。看到小安的情绪相对平和了，妈妈对小安说："小朋友之间发生冲突，不存在谁欺负谁，今天我们是要找到冲突的根源，彻底解决问题。小安，你现在的情绪是平和的吗？我们是否可以继续讨论呢？”

妈妈留意到小安在平静地点头，她问：“我留意到你和这位同学之前并没有发生过冲突，但班主任反馈最近你们之间发生了3次冲突，你能告诉我最初发生冲突时的原因吗？”

小安似乎想起了什么，他告诉妈妈：“起初，我和他之间没有矛盾，但那天课间休息，他将三四张纸巾倒满水，然后把这些看着像呕吐物的纸巾放进了我的语文课本里。我第一眼看到的时候，觉得很恶心。更让我生气的是，拿走纸巾后，我的语文课本皱巴巴的。无论我怎么晾，都没法将课本抚平。于是我想抓住他，但他跑得很快，我一生气就骂了他神经病。”

听到这里，妈妈问：“你有没有将整个过程告诉老师呢？”

小安回答说：“我和老师说了，可他不承认，又没有同学看到他弄湿我的书，但很多同学听到了我骂他。”

听到这里，小安妈妈基本明白了事情经过。她决定通过发问，帮助孩子厘清问题，同时也让小安思考接下来的解决办法。

妈妈：“在你和这位同学的第一次冲突中，你的书被弄皱了，但你没办法证明，反而被同学听到你骂人。所以你心里觉得不公平，觉得自己很委屈，是吗？”

小安：“嗯，这件事之后，他特别幸灾乐祸，总是在我面前扭来扭去。”小安一边说，一边攥紧了拳头，他愤怒地说：“妈妈，他是在挑衅我。如果我默不作声，他会觉得我害怕他。我要告诉他，我不怕他！”

妈妈：“小安，我感受到了你的愤怒。在他弄湿你的书之后，你期待他和你说什么呢？”

小安：“至少应该给我道歉吧！我的书被弄皱了好几页。”

妈妈：“所以，如果你的同学向你道歉，你就不会那么生气，也就不会发生后面的冲突，是吗？”

小安点头说是。

妈妈：“小安，我看到你在东西被损害后，选择表达自己的情绪。你采用了骂人的方式来表达你的情绪，除了这种表达方式，你觉得还有没有其他方式呢？”

小安：“妈妈，这个同学很调皮。我真不知道除了骂他，还有什么更好的方式。”

妈妈：“我看到你暂时没有想到其他的方式，有没有可能让老师帮你化解这个矛盾呢？”

小安：“以前他也破坏过别人的东西，老师在课上批评他之后，他也会给别人道歉。或许，下次我可以让老师帮我。可是我特别讨厌他在我面前扭来扭去，我一看到他那个样子，就想把他推开。现在想想，可能他只是觉得那样好玩，而我觉得他在挑衅我。”

妈妈：“嗯，你在用你自己的方式解决这个问题。班主任老师担心你们之间会持续发生矛盾，而我和爸爸也担心你们发生肢体冲突。现在，在这个问题上，你需要爸爸和妈妈做什么呢？”

小安：“我不需要你和爸爸做什么。但我希望爸爸不要总说我欺负同学，我没有欺负同学。”说话的瞬间，小安抬头看了看爸爸。

爸爸温柔地摸着小安的头，眼神中满是信任和疼爱。

小安妈妈带着觉察和接纳，在发问中帮助小安厘清了事情的来龙去脉。当父母不加评判地带着孩子看清事情的经过，他的情绪是平静的，他的思考是冷静的。在这种状态下，我们才有机会带领孩子真正地解决问题。

我们每个人都是解决自己问题的专家，更重要的是，每个人都天然地只愿意听从自己内心的建议。作为父母，哪怕我们的内心有清晰的方向，也要避免给孩子直接的命令和建议。当我们借助发问，让孩子自我发现，这个过程既锻炼了孩子的独立思考能力，也实现了孩子的自我说服。

小练习

1.发问可以让我们得到更多有效信息，也可以鼓励孩子在思考中形成自己的答案。你是一个会发问的人吗？写下你觉得自己做得不错的一次发问，并把问的问题写在下面的横线上。

____

____

____

2.当你去回忆，你会发现过往你的发问和本节中的发问是有区别的。试着去分析小安和妈妈的对话，你从小安妈妈的发问中学到了什么？

第一，______________________

第二，______________________

第三，______________________

3.结合本节中妈妈和小安的对话，你决定用发问的方式和孩子进行一次沟通。你会选择哪件事呢？你会问他什么问题呢？

____

____

____

“挖掘式”发问，破解孩子的删减类语言

如果双方都不会发问，在沟通中他们会是什么状态呢？这让我想起我和爱人的一次沟通。

周一早上，老二牛牛在出门前，突然说：“我今天想坐车去幼儿园。”我远远地听到孩子爸爸没有同意。恰好此时我已经收拾完，可以出门了，于是我赶紧来到门口说：“牛牛，今天你想坐车去幼儿园，没问题。”

这时，孩子爸爸的脸色马上阴下来。他有些不高兴地说：“我已经和他说了今天步行去上学，你怎么又答应他开车呢？”看着爸爸烦躁的表情，我才突然意识到，当我说“牛牛，今天你想坐车去幼儿园，没问题”这句话时，孩子爸爸的思考有两个方向：第一，孩子爸爸每天步行去上班，如果我的意思是让孩子爸爸开车送牛

牛，他需要送完牛牛后再将车开回家；第二，如果我的意思是我去送牛牛，一旦我没有收拾好，就意味着我送完牛牛后还需要再回家一趟。

这两种方向，无论哪一种，都比较麻烦。这也是孩子爸爸认为我不应该答应牛牛开车送他的原因。

而有一个重要的信息我没告诉孩子爸爸：我已经准备好了，现在就可以出门。

想到这里，我便理解了孩子爸爸烦躁的原因。他烦躁是着急地以为我不假思索就答应孩子，却没有思考答应之后带来的各种麻烦。于是，我马上补充了一句："我已经准备好，可以出门了。今天我来开车送牛牛去幼儿园吧。"

当我把信息补充完整，我看到孩子爸爸的脸瞬间"阴转晴"。

送孩子上学的路上，我在想，假如我觉察不到孩子爸爸的内心世界，而是完全无意识地反应，我会如何回应？我可能会说："你看你，一大早就摆出这个脸色，你这是干什么呀？"

是什么让我快速地意识到，是我的表达让孩子爸爸产生了误解呢？

这基于我对大脑运作规律的了解。心理学家研究发现，我们的大脑在接受和加工外界刺激的过程中，会无意识地进行删减、扭曲、一般化。**这就好比我们的大脑有一张过滤网，我们吸收的信息是我们自己最关注的信息，然后我们用言简意赅的形式传达给对**

方。但当对方听到这个信息时，他同样会用自己的过滤网进行分析加工，然后最初的信息被反复地删减、扭曲、一般化之后，就已经完全失真。

可以说，我们每个人对每时每刻说出的信息都进行了删减、扭曲、一般化。这样一来，沟通中的两个人就会发生一种状态：说的人不知所云，听的人听完也不知所云。这种状态下的沟通，效果可想而知。亲子沟通也存在同样的状态，在大脑进行了删减、扭曲、一般化之后，孩子说出了一个“失真”的信息，而成人根据自己删减、扭曲、一般化后的理解再给孩子反馈。几轮下来，两个人都在自己的世界里自说自话。

小欣是一名小学四年级的女生，她成绩优异，在班里的人缘也特别好。

这几天，小欣总是一脸担心地和妈妈说：“如果我不和同学玩，同学就不喜欢我了。”妈妈听了之后，对小欣说：“你们班那么多同学，你不和人家玩，人家会和其他人玩。你没那么重要！快别胡思乱想了，不要为没发生的事情担心。”

又过了两天，小欣又忧心忡忡地和妈妈说起这件事。看着小欣一脸的担心和无助，妈妈说：“如果你特别担心同学不喜欢你，那你就去找人家玩啊。这样问题不就解决了吗？你天天担心没发生的事情，有什么意义呢？”

妈妈苦口婆心地和小欣说了半天，她不但没有放下担心，反而因为妈妈的不理解更加烦躁和焦虑了。

这天，妈妈带着小欣来到我的工作室。说起这件事，我能感受到小欣的压力，但我不确定她的压力到底来自哪里，于是我决定通过发问和小欣聊一下。

我："你提到，如果你不和同学玩，同学就会不喜欢你。具体发生了什么呢？"

小欣："每次课间休息的时候，会有四五个小队的同学来找我玩。无论我选择哪个队，总有人会不高兴。可是我分身乏术，我只能选择我喜欢的小队，但这样就会出现一个问题：长时间不和某些小队玩的话，他们就会不喜欢我。"

我："所以，你觉得长时间不和某些人玩，他们会因此不喜欢你。这种情况发生了吗？还是这只是你的担心？"

小欣："是我的担心，还没有发生。但长时间下去，肯定会发生的。"

我："所以，其实你是想防患于未然，你在思考如何可以更好地和同学保持关系。那么如果和同学的关系不好，会发生什么呢？"

小欣："如果有人因此不喜欢我，竞选班干部时，就不会给我投票。这样，我就可能没办法继续当班干部。"

我："我能感受到你很在意自己是否可以当班干部，目前状态下，你认为怎样可以最大程度地和更多的人一起玩呢？”

小欣：“我能想到的是今天和一队人玩，明天换一队，争取每天都换新的。但我其实不想这样做，因为我只愿意和某一队的同学玩，而有些队里的人我并不喜欢。”

我：“我看到你内心有一个解决方案，但你是纠结的。你想去平衡同学之间的关系，又希望能顺应自己的心。做自己想做的事很重要，同时真实而坦诚地表达自己的处境也很重要。比如，当同时有好多同学围过来找你玩的时候，你如何表达自己呢？”

小欣：“或许我可以做出投降的样子，笑哈哈地对大家说：‘哎呀，我该跟谁走呢？我投降了，行不行？要不这样吧，你们把我分解了算了，来，给你一条胳膊，给你一条腿。’”

说到这里，小欣开心地笑出声来。

我：“非常好，当你表达了自己的难处。如果有人依然觉得你不好，我们也是无法控制的。我们没有办法做到让所有人都满意，但当我们试着去表达自己，会有更多的同学可以理解你没有三头六臂，你觉得呢？”

小欣：“嗯，现在我放松了很多。如果下次再出现这样的情况，我会表达出来，并且我会根据自己的目标来做决定。如果我想平衡同学关系，我就选择好久没玩的小队加入他们。如果我想随着自己的心选自己想加入的小队，我就勇敢去选，而不是和之前那样无论怎样选择都纠结。”

我：“这么短的时间，你就找到了适合自己的解决方案，这很不容易。另外，人的魅力不在于我们有多努力地去迎合别人，更多的时候真实和自信才是我们的加分项。当你可以勇敢地做自己，同时又关注到同学，你会赢得更多人的欣赏和肯定。”

此时，我留意到小欣的脸上露出了释然的表情。

小欣之所以听不进妈妈所说的话，是因为妈妈在信息有限的情况下，按照自己的逻辑给小欣提意见，而她给的意见对小欣并不适用，这也是小欣感受不到被支持，反而感觉到被否定的原因。

当我们发问时，被问的人会不由自主地启动潜意识，在思考中还原出被自己删减、扭曲或者一般化的信息。当删减、扭曲或者一般化的信息通过发问被尽可能多地还原出来，这时双方共享的信息完整了，彼此能够知道对方在想什么，才有机会带领对方走出困境。

回到开头讲到的我和孩子爸爸沟通的场景。正是因为我大脑的删减、扭曲、一般化规律，我在说话时删减了大量信息，只说了一个结果。而孩子爸爸并没有发问，他用他大脑的删减、扭曲、一般化规律瞬间做了一个判断，那就是我答应开车送孩子，会带来很多不方便。当我了解了大脑的活动规律，意识到我表达的内容不完整，并立刻做出补充，这时误解自然就消失了。

对并不熟悉大脑活动规律的小欣而言，她并不十分清楚自己在表达什么，她可能很难意识到，当她说“我不和同学玩，同学就不喜欢我了”时，她的大脑已经删减了很多信息。而没有这些必要的信息，妈妈就很难给予她针对性的建议。对父母而言，我们同样也不了解大脑活动的规律，更没有刻意地练习过发问，这时我们只能本能地对孩子进行说教和建议。

这些说教和建议大概率只是基于我们过往的经验，不一定符合当下孩子在学校的实际情况。这时，孩子就会觉得我们无法帮助他，还一直数落他，就会产生烦躁和无助的情绪。这也是为什么很多孩子随着年龄增长，越来越不愿意和父母沟通的核心原因。了解大脑的删减、扭曲、一般化规律，我们才有机会走进孩子的内心世界，才有机会真正帮助孩子。

小练习

1.我们的大脑在接受和加工外界刺激的过程中，会进行无意识的删减、扭曲、一般化。比如，“你一有空就看电视！”“怪不得你那么胖，你总是晚上偷偷吃东西能不胖吗？”“我不擅长数学。”……回想孩子经常和你表达的一个观点，这个观点中有孩子无意识的删减、扭曲、一般化吗？把你想到的写在下面的横线上。

2.当我们了解了大脑的删减、扭曲、一般化的规律，我们可以通过发问来帮助孩子明确遇到的困惑。比如，当孩子说“所有的同学都不喜欢我”，我们可以从这样几个角度去发问：“你说的所有人都有谁呢？”“有没有一个人是喜欢你的？”“发生了什么让你觉得没有人喜欢你？”“他们如何做，你会觉得他们是喜欢你的？”

试着对问题1中孩子的观点进行发问，你会从哪几个角度发问呢？

第一种发问：

第二种发问：

第三种发问：

3.生活中“删减”的场景特别常见。

场景1：妈妈对孩子说：“帮我把杯子拿过来。”

场景分析：妈妈自己很清楚，她要的是粉色保温杯，但听到的人会迟疑不决，甚至拿了几次都不是妈妈想要的。妈妈一着急还有可能会发生争执。

化解方式：孩子在行动前要进行发问。

发问方式：“妈妈，你是指哪个杯子？”

场景分析：妈妈听到这个问题，本能的思考之后给出清晰的答案，这样就避免了不必要的情绪起伏。

场景2：孩子早上一睁开眼睛就说：“我不想上学。”

场景分析：听到这句话，父母心中的怒火被瞬间点燃，心想，这么小就开始厌学了？如果你今天不上学，谁在家里看着你？这样一系列的自我联想之后，父母把孩子训斥了一通，结果孩子哭哭啼啼地去上学，父母气呼呼地去上班。

化解方式：听到孩子所说的话，立刻进行发问。

发问方式：“宝贝，告诉我，你不想去上学是想到了什么呢？”

场景分析：孩子可能会说：“一想到今天有4节主课，我就不想上学。”很多时候，孩子只是想表达自己的一种情绪，但因为大脑的规律，他删减了很多重要信息，只是表达了一个结果。这时，如果父母信了，就会瞬间有负面情绪，就无法实现真正的沟通，更无法帮助孩子解决问题。

有没有一些时候，和孩子的沟通中，你也正是因为听了孩子删减后的信息而瞬间生气了？把你想到的信息写到下面的横线上。

“引导式”发问，破解孩子的扭曲类语言

生活中，我们对一件事有错误认知的情况时有发生。上一节中，我们了解了删减模式下人的思维模式，以及如何通过还原被删减的信息帮助孩子走出沟通困境。这节内容，我们主要从大脑的扭曲规律入手，了解大脑是如何按照自己的需要进行扭曲的。

在一次线下课的休息时间，一位老家是西安的学员对我说：“温老师，上周我回老家了，我给大家带了猕猴桃。”

听她这样说，我非常兴奋地问她回西安的行程。她一边给我讲自己这次的行程，一边给我看她回家时拍的照片。我们俩一会儿看着陕西省博物馆的作品，感叹泱泱中华五千年的历史，一会儿看着华清池的美丽风景讨论护肤养生，一会儿看着回民街的美食啧啧称赞……

就当我们沉浸其中、热情洋溢地讨论时，助教老师轻声提醒我休息时间结束。这时，学员指了指放在水龙头下的猕猴桃，哈哈大笑地说："温老师，我最想说的是我从西安带来了猕猴桃，想让大家在课间吃。这还没吃呢，就已经上课了。"

直到今天，我回想起当时的画面，仍然忍不住想笑。她想告诉我课间时一起吃"猕猴桃"，而我只抓住了我想听到的"西安"。因为对于在西安度过了4年大学时光的我而言，"西安"是个敏感词，所以我在她短短的一句话里，只听到了她回西安这部分，至于猕猴桃，在我这里完全不重要。

每个人都活在自己创造的主观世界里，我们看到和感觉到的世界，都是按照自己的经验加工出来的世界。有些加工比较明显，比如上面我和学员的对话，我非常明显地扭曲了她想表达的意思，不管是对方不好意思也好，还是她没有意识也好，她瞬间陷入我扭曲之后的话题中。严格来讲，这次沟通并没有达到她设定的目标，是一次典型的无效沟通。

还有一些扭曲，并不像我上面的扭曲这般明显。更有可能的是，当事人在扭曲的同时，还夹杂着删减和一般化，这时我们想通过发问去影响对方就变得有难度了。

小冉是一名小学五年级的学生。

从一年级到五年级，她一直是班里的英语课代表。这学期，班级新换了一位英语老师。新老师来的第一天，就重新选了一位英语课代表。

小冉一直对这件事耿耿于怀。要知道，之前也换过两次英语老师，但老师一般都会沿用原来的课代表。她想不明白这次英语老师为什么要换掉自己。更让她不解的是，老师选的新课代表，学习成绩并不比自己好。

几周下来，小冉都郁郁寡欢，英语成绩也一落千丈。她开始不愿意写英语作业，不愿意背单词，甚至开始讨厌上英语课。小冉每天回到家，总会和妈妈抱怨英语老师。刚开始妈妈觉得孩子争强好胜，自尊心强，发点小脾气很正常。她总是耐心地安慰小冉："现在不能当课代表，不代表以后不能当。只要我们努力，一定还有机会。"

但时间长了之后，妈妈也有些不耐烦了。

她看着一蹶不振的小冉，火气也很大，她批评小冉说："你还有完没完了？当不上课代表说明你没有同学优秀。你有什么不服气的？！"

听妈妈这样说，小冉更加难过和沮丧。她越来越排斥英语的学习。到后来，她甚至一上英语课就头疼，上英语课成了她最难熬的时刻。

在妈妈眼中很简单的问题，小冉却迟迟无法走出来。在我和小冉的沟通中，我意识到小冉内心里有个很坚定的声音说："老师之所以没有选我做课代表，是因为老师不喜欢我。”

一个孩子，面对新来的英语老师，内心觉得老师不喜欢自己，她会在老师的课上表现得很好吗？很难。妈妈不管是用理解的办法还是用激将法，都无法从根本上改变小冉对这件事情的看法。那么如何帮助小冉解决这个问题呢？我希望借助发问，帮小冉厘清这个问题。

我：“新来的英语老师没有选你做课代表，所以你认为老师不喜欢你。有没有一种可能，老师喜欢一个人，但不会选他做课代表呢？”

小冉：“没有吧？如果她喜欢一个人，应该会选他做课代表的呀。”

我：“班里的课代表一般有几个呢？”

小冉：“就一个。”

我：“那如果英语老师同时喜欢班里的3个人，但课代表只有1个，英语老师要怎么选呢？”

小冉：“呃……我没有思考过这个问题。”

我：“我们现在只探讨可能性，有没有一种可能，她其实也很喜欢你，但她认为最合适的人是她目前所选的这个课代表。”

小冉：“也就是说，老师也有可能会喜欢我？”

我：“是的，有这种可能性。作为一个老师，她会平白无故地不喜欢一个学生吗？”

小冉："我英语成绩一直很好，老师刚来的时候，我上课时都积极地回答问题，我属于比较讨老师喜欢的那类学生。"

我："所以，我能不能说，老师虽然没有选你当课代表，但并不意味着老师不喜欢你？"

小冉："也就是说，选课代表和喜欢不喜欢没有必然的联系。"

我："好像是的。"

"老师之所以没有选我当课代表，是因为老师不喜欢我。"这是小冉结合发生的具体事情，自己按照过往的经验做出的总结。"老师喜欢我，就一定让我当课代表""老师没有让我当课代表，就一定不喜欢我"，这里面就有对事实的扭曲。

当我们通过发问，让当事人看到"老师喜欢一个人"和"让他当课代表"之间并不存在必然联系，这时小冉才有可能改变她对老师的看法。否则，她会一直带着对老师的偏见，无法很好地面对她。

在进入小学高年级后，孩子们会活在青春期的"假想自我"中，这时的他们会特别在乎面子。小冉自认为是全世界的中心，全世界都在看着自己。她被老师"撤职"，这让她感觉非常没面子，这就加剧了小冉对英语老师的厌烦。

小冉的经历让我想起发生在我小学四年级时的一件事。

那年六一儿童节，音乐老师在我们班各选了10名男生和女生，代表班级参加学校的六一儿童节演出，我是其中之一。但在临近演出的前3天，音乐老师在一次排练后，告诉我和另外一位男生我们两个不能参加合唱团了。那一刻，我的大脑一片空白，眼泪在眼圈里打着转。

到今天，我依然清晰地记得自己坐在教室里的那种无处躲藏的尴尬和自己火辣辣的脸。我甚至记得，所有参加六一合唱团的同学都得到了一个折叠的卡片，那卡片上有几只可爱的小猴子在捞月。那时的我，多么希望自己也是得到礼物的人之一啊！

这么多年过去了，如果不是小冉，我甚至都无法记起，在自己的小学生涯中还发生过这样一件事。当我看到当年的自己，我才意识到自己和小冉一样，也曾如此难过和无助，如此尴尬和无奈。最让我唏嘘的是，那一天起，我再也不唱歌了。学生时代的我一直非常排斥登台演出。此刻，当我回看当年那个10岁的小姑娘，我看到她趴在座位上偷偷流泪，我看到她很不满、很不解，但她对自己说："老师不让我参加合唱团，是因为我唱歌不好听。"

老师临时把我撤下来，可能真的是因为我唱歌不够好，但这个不够好也只是和其余的9个女生相比。但因为那时的我非常投入地沉浸在委屈和挫败中，根本看不到班里30多个女生中，还有20多个女生没有被选中。

于是，我带着"老师不让我参加合唱团，是因为我唱歌不好听”这样的想法长大成人，以至于每次在唱歌场合，我都会手足无措，非常紧张。好在随着年龄越来越大，再加上持续地走在个人成长的路上，我越来越能放下一些所谓的标准。偶尔和朋友聚会，我也会唱自己擅长的歌，但只有我自己知道，在允许自己在公开场合唱歌这件事上，我走了多远的路。

孩子是绝佳的感知者，却是最糟糕的解读者。生活中，孩子无时无刻不在和周围的人互动，在这些互动中，那些孩子沮丧、难过、不知所措的瞬间，一旦处理不当，就会成为他童年的一个创伤事件，甚至会影响到他的人格发展。当父母通过学习更好地了解了孩子的大脑，了解了大脑的活动规律，我们就可以在孩子受挫的那个当下，通过发问，真正地帮助他。

小练习

1.如果你留意孩子的话，你会发现在孩子的语言中，有很多扭曲类的语言。比如，“妈妈，我今天迟到了，都是因为你！”“我那么努力，语文都没有考到100分，我没有这方面的天赋！”“爸爸只知道工作，他根本就不关心我！”……试着回忆孩子平时的表达中，有没有一些扭曲类的表达？思考并将你想到的表达写到下面的横线上。

______

______

______

2.破解扭曲类语言，我们同样可以使用发问的方法。以孩子说“爸爸只知道工作，他根本就不关心我！”为例，我们可以这样发问：

①发生了什么事情，让你有这样的感觉？

②爸爸做了什么，让你觉得爸爸不关心你？

③爸爸做什么，你就能感受到爸爸的关心呢？

以“妈妈，我今天迟到了，都是因为你！”为例，试着从3个角度进行发问：

①______

②______________________________

③______________________________

3.回忆你的童年，有没有一些事对你产生了重大的心理影响？这件事发生后，你形成了什么想法？将这个想法写在下面的横线上，并分析这一想法对你的人生产生了什么影响。

____

____

____

“破案式”发问，破解孩子的一般化语言

在前两节内容中，我们了解到在删减和扭曲之下如何帮助孩子还原事情真相，从根本上帮助孩子解决遇到的问题。现在，我们来了解大脑的一般化规律，以及如何去破解它。

大脑的一般化规律可以理解为大脑的以偏概全。比如：因为在一次逛街时丢了钱，从而认为自己不适合保管财物；有次数学课上没有回答对老师的问题，就认为自己不是学数学的料；谈了一次失败的恋爱，就认为天下男人没有一个好东西；被爸爸揍了一次，就认为爸爸不爱自己；等等。

一旦大脑对事情进行了一般化，就是对事情进行了扩大化，将一件特定事情的范围扩大到无限大。这时，如果没有意识到大脑的一般化规律，我们会无意识地相信一般化后的这个观点。比如，“有次数学课上没有回答对老师的问题，就认为自己不是学数学

的料”，一旦孩子相信了这个观点，就会表现出对数学的厌恶。这时，我们单纯地鼓励孩子努力学习，是极其苍白无力的。我们只有耐下心来，通过发问一步步找到孩子厌恶数学的源头，才能帮助孩子改变头脑里的观念，彻底解决这个问题。

小柯是一名小学五年级的男生。

在一次体育课上，体育老师无意间发现他在打篮球上有极高的天赋。

于是，体育老师向小柯的父母提议，让小柯加入学校的篮球队，将他作为重点对象培养。小柯的父母得知这一消息后，认为小柯未经任何专门的体育训练，竟然被体育老师选中，这说明小柯的底子不错，他们也非常替小柯高兴。

当妈妈把这个好消息告诉小柯时，小柯想都没想就拒绝了。妈妈很惊讶，她不断地说服小柯：“这是个十分难得的机会，你一定要把握住。”爸爸也鼓励小柯：“男孩子就应该加入团体体育项目，这样可以很好地锻炼团队协作精神。”可不管爸爸妈妈怎么说，小柯就是不加入篮球队。

眼看着距离给体育老师答复的时间越来越近，妈妈心里非常着急。她不想小柯和这个好机会失之交臂，她更觉得小柯不能浪费了自己的天赋。

这天，妈妈用命令的口气告诉小柯：“我已经和体育老师说好了，明天你就开始训练。”谁知小柯一下子恼了。正在写作业的他，开始歇斯底里地拍打桌上的书。

看到小柯的样子，妈妈非常生气，她大声地质问："这么好的机会，你为什么不去？"这时，小柯整个人也失控了，他大喊着："我就不去，冬天冷、夏天热的有什么意思！"

小柯不愿意去训练竟然是怕吃苦！听到这里，妈妈的火气更大了，她大声说："亏你还是个男子汉，就这么点苦你都吃不了，你还能干什么？"妈妈越说越生气，压抑了很长时间的怒火在那一刻彻底爆发出来……

妈妈的火是发出来了，但第二天小柯依旧没去训练。妈妈在客厅里踱来踱去，她想用暴力逼迫小柯，可总感觉哪里不对劲。在各种犹豫不决之后，小柯妈妈意识到自己的目标是让小柯参加训练，但她也不想因为训练破坏了和孩子的关系。于是，她决定借助外力来更好地处理这个棘手的问题。

小柯带着一百个不情愿，跟着妈妈来到了我的工作室。

刚见面，小柯就对我说："温老师，我妈妈今天带我来这儿，就是希望我参加篮球队的训练，我做不到。如果您是帮着妈妈来说服我，那么您会很失望。"小柯说这句话时，妈妈站起来就想揍小柯，她已经愤怒到了极点。

听到小柯这样说，我对他说："小柯，妈妈是带着她的目的来到这里不假，但从咨询的角度讲，咨询师本身是不带任何目的的。咨询师的作用就是通过听和问，帮助对方更好地看到事情真正的样子。很多时候我们认为的不一定是事实。同时，咨询还有个非常重要的原则，那就是当事人原则。如果只是妈妈愿意，而你没有准备好信任我，今天的咨询是不会开始的。”

身体始终处于防御状态的小柯大概没有想到，我会在第一时间将主动权交到他的手里。看他在思考，我继续说：“这段时间以来，因为篮球队的事情，你和爸爸妈妈处于什么状态，我想你自己最清楚。冲突出现了，我们总要解决。但我们是清清楚楚地做决定还是稀里糊涂地做决定，这是完全不同的状态。很多时候，你认为的和实际情况并不一定完全相符，你愿意试着去了解你自己吗？”

见小柯的表情和身体慢慢放松下来，我问妈妈：“小柯不愿意参加篮球训练，你了解过是什么原因吗？”小柯妈妈回答说：“小柯说是因为冬天冷、夏天热，训练很没意思。”

当妈妈还原她当时发问的场景和语气时，我看到她并非平和地发问，而是愤怒地质问。**当我们在情绪里质问，孩子也会不假思索地防御性回答，我们便无法从孩子那里得到真实信息。**于是，我决定通过发问去了解小柯真实的想法。

我：“小柯，从小到大，你对篮球一直没有好感，是吗？”

小柯：“也不是，以前小的时候打过。”

我：“那现在呢？现在也会打篮球吗？”

小柯：“现在只有体育课上有篮球训练时才会打。”

我：“如果没有老师要求，你会主动打篮球吗？”

小柯："不会。"

我："所以你排斥的不是加入篮球队，而是因为你不想打篮球。"

小柯："是，因为不想打篮球，所以不想加入篮球队。"

我："所以，我看到即便没有篮球队这件事，你也不会主动打篮球。"

小柯："是，三年级以后再也没有主动打过篮球。"

我："你提到了三年级以后。在这之前，你是会主动打篮球的，对吗？"

小柯："对。"

我："你还记得最后一次打篮球是在哪里吗？"

小柯："在我们小区。"

我："嗯，在你们小区，当时发生了什么呢？"

小柯："我们小区本来是没有篮球架的，但为了打球，小区里的4个初中生大哥哥自己花钱，买了一个可移动的篮球架。我也经常和他们一起玩。"

我："然后呢？"

小柯："有一天，我们在小区的广场上打球。其中一个大哥哥撞到了一位爷爷。那位爷爷躺在地上，好久都没有站起来。接着他的家人来到广场，把篮球架给砸碎了。我和几个哥哥当时特别害怕。后来，物业的工作人员非常生气地将篮球架移到了车库里，并警告我们，以后再也不准在小区里打篮球。再后来，我知道那位爷爷好了，但物业坚持所有业主不准在小区内私自搭建任何娱乐设施。从那以后，我们就再也没在小区里打过篮球。”

我：“爸爸妈妈知道这件事情吗？”

小柯：“知道，我们整个小区都知道。”

我：“所以你是如何看待这件事的呢？”

小柯：“打篮球容易发生争执和矛盾。很多人都说，要是那位爷爷的年龄再大点，万一站不起来的话麻烦就更大了。”

说到这里，我才明白了小柯排斥加入篮球队的原因。大家可以感受一下，如果一个孩子觉得“打篮球很危险，容易发生争执和矛盾”，他会主动去打篮球吗？带着这样的想法，如果他被要求去打篮球，会不会乐在其中呢？

当小柯回忆篮球架被砸碎的场景时，我能明显感觉到他整个人是紧绷的。也就是说，在当时的场景下，小柯把紧张和害怕的情绪同打篮球联系在了一起。于是，在他的神经元网络中，建立了一个“打篮球很危险，打篮球意味着争执和矛盾”的认知，这也是为什么之后小柯再也没有主动打篮球的根本原因。

小柯对打篮球的畏惧情绪一直都在，只是这次被邀请加入篮球队时，这种尘封已久的情绪才浮出水面。所以，现在的问题不是加不加入篮球队的问题，而是让小柯清晰地看到，打篮球和发生矛盾冲突之间，并不存在直接的关联。

我："你说打篮球会发生争执和矛盾，是不是每一次打篮球都会发生争执和矛盾呢？"

小柯："也不一定。"

我："假如当时你们打篮球时，没有在小区的广场上，而是在一个专业的篮球场上，会不会撞到老人呢？"

小柯："那肯定不会。"

我："那我是否可以理解成，在正规的篮球场上打球就不会撞到老人。如果在小区人员密集的广场上打球，就有可能会撞到周围的人？"

小柯："是的。"

我："如果我们避免在不适合打篮球的场地上打球，我们就可以避免撞到老人，就不会产生争执和矛盾，我这样理解对吗？"

小柯："我觉得是对的。"

我："那么是打篮球引起了争执和矛盾，还是在不适合的场地上打篮球造成了争执和矛盾呢？"

小柯："在不适合的场地上打篮球造成了争执和矛盾。"

我："所以，要避免这种撞人事件的发生，我们应该在什么场地上打篮球呢？"

小柯："在正规的篮球场内。"

当小柯说到这里，我留意到他的眼睛里闪着光。当有这样一个发现时，他自己瞬间也卸下了一个大包袱。是啊，三年级之前他就和初中生一起打篮球，他是有多喜欢打篮球才有这样的动力？而他又是多么有实力，才会让哥哥们愿意和他一起玩？

小柯发自内心地喜欢和热爱着打篮球，但那次撞人事件之后，他的大脑的解读是打篮球很危险，容易发生争执和矛盾。再加上父母为了不让孩子在人多的地方打球，也会刻意渲染这种危险。这就更坚定了小柯认为的“打篮球很危险，打篮球容易发生争执和矛盾”的信念。

看到这里，妈妈忍不住唏嘘。以前看小柯不怎么打篮球了，她还以为是孩子有了其他的兴趣爱好，也就没有特别关注这件事。她更不知道撞人事件对小柯的内心产生了这样深远的影响。

生活中发生的一切，都会在我们的记忆中留下痕迹。对于年幼的孩子来说，他们的阅历和经验都不丰富，相对成人就更容易孤立地看问题，很容易将事情一般化和扩大化。作为父母，如果不解开一般化背后的问题根源，我们就无法真正地解决问题。而和孩子搭建好关系，循序渐进地发问，是找到问题根源的有效途径。

小练习

1.我们大脑的一般化规律随时都在发生。比如，有的孩子会说：“妈妈从来都不听我的解释！”“我肯定不能通过考试！”“我必须听完这个故事才能睡着！”找出孩子平时的一种一般化表达，并将其写在下面的横线上。

____

____

____

2.“妈妈从来都不听我的解释！”“我肯定不能通过考试！”“我必须听完这个故事才能睡着！”对于这类一般化表达，如果我们想通过讲道理让孩子改变想法，是不容易的，但我们可以通过发问让孩子主动思考。

表达1：“妈妈从来都不听我的解释！”

发问：“是从来都不听你的解释吗？”

“妈妈一次都没有听你解释过吗？”

表达2：“我肯定不能通过考试！”

发问：“是什么阻碍了你通过考试呢？”

“发生了什么让你有这样的想法呢？”

表达3：“我必须听完这个故事才能睡着！”

发问：“没听完故事就睡觉会发生什么呢？”

“不听完故事就一定睡不着吗？”

3.结合问题1中找到的一般化表达，运用问题2中列举的发问方式进行发问，你会提哪几个问题呢？

对孩子发问没效果？把握发问的关键点

在和孩子的沟通中，发问可以让孩子实现自我说服。发问比传统的唠叨、命令、讲道理更有效。更重要的是，它会给父母一种掌控全局的感觉。对于刚刚学会发问的父母而言，这确实会让他们有满满的成就感和愉悦感。但他们发现，随着频繁地发问，孩子的感受似乎并不是越来越好，问题出在哪里呢？

这让我想起一则寓言故事，讲的是北风和太阳比赛谁的威力更大。

北风和太阳约定，谁先把路人的大衣脱掉，谁就赢了。

北风气势十足，用尽全力地吹，但寒风刺骨，吹得人瑟瑟发抖，路人赶紧把大衣裹得比原来更紧。而太阳不疾不徐地洒下阳光，天气顿时变得风和日丽，行人觉得温暖舒适，他们解开纽扣，随后又脱掉了大衣。

如果说传统的讲道理是简单直接的北风，那么发问就是和煦温暖的阳光。当和煦温暖的阳光出现，行人并非一定会脱掉大衣。行人要不要脱，什么时候脱，取决于他对热的敏感度。在父母对孩子进行发问这件事上，也是如此。在意识到发问的重要性之后，父母便开始发问，但我们对孩子的回答有太多的预设。当父母带着预设的答案去发问，对孩子的回答就有要求。当孩子的回答符合我们的要求，我们就会心满意足地认为自己发问得好。一旦孩子的回答不符合我们的要求，我们就会有情绪上的起伏，觉得发问竟然没有让孩子去到自己想让孩子去的方向。

小博是一名小学五年级的学生。他一直是班里的班干部，妈妈也一直以此为荣。

新学期开学了，又到了竞选班干部的时间。可小博却告诉妈妈，这学期他不想竞选任何职务。

听到这个消息，小博妈妈高度重视，觉得孩子不参加竞选就是不上进。于是，妈妈运用各种发问技术和小博沟通，比如，“是什么让你不想竞选？”“当班干部可以锻炼各方面的能力。你有条件却不竞选，这不是浪费资源吗？”“你已经当了多年的班干部，做出这样的决定不是太可惜了吗？”……

但不管妈妈如何发问，小博就坚持一点：这次不参加竞选。

妈妈和小博沟通的唯一目的，就是说服儿子竞选班干部。这时，看上去她是在发问，是帮小博明晰方向，但她的问题都带有极强的预设性。这时她的发问只要求标准答案，无法真正启发孩子思考。发问本身只是一种沟通方式，我们无法通过发问让孩子去我们想让他去的方向。

只有忘掉自己的目的，带着关心去了解孩子真实的想法，我们才有可能帮助孩子梳理自己。退一万步说，即便我们用最专业的方式帮孩子梳理清楚了，我们也无法预判孩子最后会做怎样的选择。

除了要放下自己的预设，我们还要考虑沟通双方是否处于可沟通的“理性脑”状态。只有当双方处于情绪平和的“理性脑”状态，这时的发问才有意义。否则，一不小心发问就会变成质问，一不小心发问就会变成释放情绪的出口，一不小心发问就会变成攻击对方的武器。

记得有一次吃早餐时，弟弟牛牛抱怨早餐没有他想吃的东西。我和孩子爸爸对他说了好多话，但一直没能很好地安抚他。看着牛牛烦躁的样子，我决定先冷处理，不再继续和他讲道理。

这时，哥哥洋洋看了我一眼。我想起来，以前哥哥也会因为没有自己想吃的东西而发脾气。此时看着洋洋，我幽幽地说出一句：“你有没有在弟弟身上看到你的影子？”我说这句话的时候自认为心平气和，但洋洋看了我一眼，一本正经地说："妈妈，你有没有在弟弟的身上看到你自己的影子呢？"

洋洋说完，我们俩几乎同时哈哈大笑。

后来我回忆，其实我是带着无法很好地安抚弟弟的挫败感，说出了一句带有抱怨的话。暗含的意思就是，你小时候和你弟弟一样，吃不到自己想吃的也会哭。当我带着这样的情绪发问，看上去我语气平和、表情得体，但被问的人依然能够感受到我的不友好。

当我们处于负面情绪中，这时的发问非但无法引发对方的思考，反而会调动对方对抗的情绪。**当我们带着情绪发问，听到的人已经透过语言感受到浓浓的负面情绪，这时他的本能不是去思考如何解决问题，而是通过何种方式来保护自己。**在这种状态里，双方沟通的效果就可想而知了。

当我们放下预设，调整好情绪状态时，可以从哪些方面进行发问呢？我们发问的角度可以借助"5W1H"原则。

"5W"是指：

WHEN：什么时间发生的？什么时间你做了这件事？

WHERE：在什么地方发生？

WHAT：这件事情发生的具体经过是什么？

WHO：这件事情中相关的人员都有谁？他们分别是什么角色？

WHY：这样做的原因是什么？这样做的好处是什么？

"1H"是指：

HOW：怎么做？方案有哪些？具体实施的步骤是什么？

以一位小朋友和同学发生冲突为例，我们可以通过发问，帮助孩子还原当时的情况。在梳理过程中，孩子可以相对客观地看到当时的场景，同时也可以让父母了解更多的信息。这时，妈妈可以这样问：

1.你和同学发生了冲突，你是否能回忆起当时是什么时间？

2.你和同学发生冲突的地点在哪里？

3.回忆一下，当时你和同学在做什么？冲突是如何发生的？当时你说了什么？你的同学说了什么？

4.除了和你发生矛盾的同学，现场还有没有其他同学在场？他们对你说过什么吗？

5.当时发生了什么，让你推搡了同学呢？

6.任何事情都至少有3种以上的解决方案，我看到你现在对自己当时的行为很后悔。如果下次再发生这样的事情，你能想到的其他解决方案有哪些呢？

当然，并非任何事，我们都需要从这6个方向面面俱到地去发问，尤其在一些答案十分明显的问题上，我们更是没有必要明知故问。当孩子发生偏差行为，我们可以把落脚点放到"HOW"上，与其把答案直接告诉孩子，不如和孩子一起探讨这样的选择会带来什么样的后果，有没有更好的解决方案。这个过程中既启发了孩子去思考，更因为孩子在这个过程中是参与者，对于最终确定的方案，孩子会更有动力去实施。

发问，除了用于帮助孩子明确方向，引发孩子独立思考，还有激励功能。

在时间管理训练营中，当孩子时间管理能力有进步时，我会问孩子：“你是怎么做到的呢？”这时，孩子首先能够感受到老师的肯定，更重要的是，此时他的大脑开始搜索：“对啊，我做得这么好，我是怎么做到的呢？”当孩子去回忆并总结时，这个过程是在他的脑回路中加深他做得好的地方，帮助孩子看见并固化他的好习惯。

之前有一位小学员，他从幼儿园大班就开始练习打乒乓球。他的妈妈为人严苛，总觉得他还有很大的进步空间。每次练球时，妈妈都在场边观看。中场休息时，妈妈会对孩子刚才的练习进行批评总结，并且会一次次地提醒他如何做可以更好。

小学三年级的时候，孩子突然告诉妈妈，自己不想打乒乓球了。妈妈很惊讶，觉得孩子已经付出那么多了，怎么突然就要放弃。

从妈妈的表述中我感受到，孩子在打乒乓球的过程中从来没有获得过成就感，反而在妈妈一次次的批评和建议中积攒了满满的挫败感。

我建议妈妈以后看孩子打球，就只是观察，同时把孩子做得好的地方告诉他。几次之后，孩子的状态好了很多。

这天，身材娇小的孩子卖力地接住了教练打过来的一个又一个的球，妈妈看到了孩子的坚持和毅力。课间休息时，儿子像往常一样过来喝水，妈妈蹲下身子看着儿子的眼睛说："儿子，我看到教练连续给你发了5个旋转球，你都稳稳地接住了。你是如何做到的？"

一瞬间，儿子怔住了，他思考的同时，眼睛里泛着泪花。看到儿子的状态，妈妈紧紧地把他抱在怀里。在那一刻，孩子4年来所有的委屈、压抑、失望随着眼泪奔涌而出。抱着抽泣的儿子，妈妈感受到严苛的自己给了孩子太多的压力和委屈，而她更感受到那句适时的发问给予孩子的激励和感动。

如果说沟通中除了听就是说，那么发问也是说的一种，但发问和说起到的作用又截然不同。当我们带着平和的情绪，带着由内而外对孩子的欣赏和鼓励，发自内心地去关注孩子真正的想法时，我们才有机会走进孩子的内心世界，才有机会激励孩子，才能帮助他成为自律、自信、自爱的孩子。

小练习

1.通过发问，我们可以得到更多有效信息，更重要的是，可以鼓励孩子在思考中形成自己的答案。说说你对发问的理解，并将你的理解写在下面的横线上。

2.回忆一下，针对某件事情，你在发问时，有没有带着自己的预设？你做了怎样的预设呢？试着将你的思考写在下面的横线上。

3.当我们处于负面情绪中，这时的发问非但无法引发对方的思考，反而会调动对方对抗的情绪。回忆你向孩子发问失败的一次经验，当时的你处于什么情绪中？

孩子做错事却不懂得反省？父母请先停止无效说教，从正确“提问”开始！

Chapter 7 >>>

智慧表达
——说孩子“爱听”的话

向孩子表达，对父母来说是最简单不过的事情。但如何清晰有效地表达，对大部分父母都是一个极大的挑战。带着觉察、边界和接纳，在倾听和发问的基础上，更多地搜集有效信息，充满智慧地表达，沟通才会事半功倍。

巧用“感性表达”，让孩子感受到被理解

在双方情绪愉悦的情况下，父母和孩子的沟通会呈现和谐的场景，这时的沟通会卓有成效。一旦孩子出现问题，父母和孩子都处于紧张、烦躁甚至崩溃的情绪中，这种状态下去沟通，结果可想而知。

小萱是一名小学三年级的女生。经过层层面试，这学期她转入了一所新学校。

小萱很认同新学校的教育理念，也十分喜欢新班级的同学和老师们，她非常珍惜这来之不易的学习机会。小萱每天都会早早地来到学校，在老师上课前，整齐地摆放好上课用品，然后托着小下巴，耐心且兴奋地期待着老师的到来。

第二周周一早上，妈妈叫小萱起床。连着叫了3次，每次小萱

都说好好好，但一直没有起床。小萱妈妈考虑到小萱前一天晚上睡得比较晚，就想让她多睡一会儿。

当小萱妈妈再次叫小萱起床时，小萱一骨碌从床上爬起来，发现自己比平时晚起了10分钟！她一边穿衣服，一边大声说："妈妈，妈妈，不好了，快快快，我要迟到了！"看到小萱十分紧张，妈妈安慰她说："没事，放松一点，咱们赶紧吃饭，来得及。"

小萱快速穿衣，快速洗漱，快速吃饭。去车库的路上，小萱一脸的着急和烦躁，不停地催促着妈妈。

上车后，妈妈不断地安慰她："应该没问题，平时你到校比较早。我稍微开快一点，应该不会迟到。"小萱很不耐烦地说："妈妈，先别说了。快点吧，快点吧！"

事实上，小萱妈妈并没能像期待的那样开得快一点，她自己也没有预料到当天的路况会如此糟糕：放眼望去，前面六七百米的长龙在等红灯，十字路口堵成一片，各种喇叭声此起彼伏，汽车就这样以龟速往前移动着。

看着眼前这一幕，妈妈知道肯定要迟到了，就对小萱说："小萱，没想到今天这么堵，看来真的要迟到了。"没想到她的这句话刚一出口，小萱就带着哭腔说："都怪你！谁让你那么晚才叫我起床！"

听到小萱这句话，小萱妈妈生气地说："明明是我叫了你三四遍，你一直不起，现在又开始推卸责任。我第一次叫你的时间是6点半，如果你立即起床，根本不可能迟到，我都还没生气，你发哪门子火……”

“别说了！你再说，我就立马下车！自己走着去学校！”小萱哭了出来。

妈妈叫了小萱很多次，最后被孩子埋怨，妈妈有错吗？小萱作为一个小学生，她无法接受在新环境中迟到，她着急、担心，甚至害怕，她哭了，她有错吗？

看上去妈妈和小萱都很无辜，那么问题到底出在哪里呢？这要从妈妈和小萱两人所处的状态说起。

我们可以看出，整个对话中，小萱妈妈一直处于一种冷静、理性、克制的“理性脑”状态。而小萱呢？我们始终能感受到她处于一种紧张、烦躁、担心，甚至恐惧的“情绪脑”状态。换句话说，妈妈在努力关注有没有迟到这件事，但完全没有看到已经紧张、害怕、担心的小萱这个人。

那什么是“情绪脑”，什么是“理性脑”呢？

情绪脑是有关情绪的脑区，主要功能是表达和协调情感与感觉，它不受意识支配；而理性脑是关于思考的脑区，它是人类大脑最后发展出来的部分，是理性的中心，主要功能包括认知、语言、思维、言语、空间的识别等。

很多时候，和孩子的沟通不畅，恰恰是因为父母处于“理性脑”中，他们过度关注事情本身，而忽略了处于“情绪脑”中的孩子这个人。我给大家举几个例子。

场景1

3岁左右的孩子拉着奶奶进了电梯。当他伸手去按5楼的按钮时，旁边的大人丝毫没有注意到他的动作，顺手就按了5楼。没有按到按钮的孩子号啕大哭。这时，旁边的奶奶训斥孩子说：“电梯又不是你家的，非得你按呀？”“男子汉为了这点事哭，你害不害羞？”“好了好了，别哭了，下次让你按，好吧？”一直没有被理解的孩子，在奶奶烦躁的声音中，哭声越来越大……

场景2

9岁的姐姐因为自己喜爱的陶瓷杯被2岁的弟弟摔坏，她忍不住推了弟弟一下。在旁边看到全过程的爷爷一把将姐姐推到另外一个房间，大声训斥她：“弟弟那么小，他知道什么？你作为姐姐，竟然还敢打弟弟？不就是个破杯子，喜欢就再买一个！你至于吗？”于是，姐姐崩溃得泣不成声，爷爷摇着头痛恨地大喊：“怎么养了这么个不懂事的孩子！”

场景3

15岁的男生考试没考好，他一脸沮丧地回到家，斜躺在沙发上出神。妈妈见状，大喊道：“考试考成那样，你还好意思赖在沙发上玩？要不是你总偷懒，至于考成这样？以前和你说要努力，看看你今天的样子，老师天天在群里点名批评，你稍微有点羞耻心也不至于考成这样！”孩子说：“我就是没考好，考不好就不能休息了吗？”“学会顶嘴了，是吧？谁不让你休息，你考个好成绩，爱怎么休息就怎么休息！”

这样的沟通场景我们是否熟悉呢？

作为父母，我们都希望和孩子有亲近的关系，希望孩子在我们的引导下变得越来越好。可当我们只关注事情本身，无法看到孩子的情绪时，我们说得再对，孩子也很难听进去。在亲子沟通中，感性地关注孩子的情绪，本身就是对孩子这个“人”最大的关注。当我们安静下来关注孩子的情绪，关注这个“人”，孩子就可以安静下来，理性地思考接下来如何面对问题。

这和“情绪脑”“理性脑”的运作规律有关系。

当遇到一件事情时，情绪脑的运作过程是一条短通路：丘脑—杏仁核；而理性脑的运作过程是一条长通路：丘脑—扣带回—大脑各区域相应皮质—杏仁核。这两条通路，路径长短不同，携带的信息量也完全不同。

“情绪脑”的运作，从丘脑直接到杏仁核的这条短通路，只能携带少量信息，最突出的特点是“快”，这就是情绪来得很快、很突然的原因。而“理性脑”这条长通路则可以携带大量信息，对信息的加工也更为精细。也就是说，通过这条路径，我们可以充分地思考、权衡，并做出理性的决定。相应地，长通路也需要更长的时间来做出反应。

小萱因无法接受自己在新环境中出现迟到行为，于是她的大脑瞬间启动了最短的信息传递通道，进入“情绪脑”状态。这时她全身的能量都聚集到紧张、担心和恐惧的情绪上，导致自己无法进行理性思考，以至于她会对妈妈说：“都怪你！谁让你那么晚叫我起床！”上面所提到的3个场景中的孩子也是如此，他们当时处于生气、难过或者悲伤的状态，听不进去任何道理，甚至还会说出一些十分过分的话，这都是因为孩子处于“情绪脑”状态。

说到这里，我们也就更容易理解为什么在很多亲子沟通中，父母经常觉得自己说得都对，表达的时候也很理智、很得体，孩子还是听不进去。为什么孩子看上去总是无理取闹呢？根本原因就是我们经常性地用自己的“理性脑”应对孩子的“情绪脑”。在表达中，我们过于理性地关注事情本身，缺少了感性回应。

看着因为迟到而担心、害怕的小萱，妈妈可以说：“小萱，我看到了你的担心和紧张。来，妈妈抱抱。”很多时候，感性的回应不需要表达很多，只是看见并允许孩子有这样的状态，就可以很好地给予孩子支持。再比如场景1中哭闹的3岁孩子，奶奶可以告诉孩子：“宝贝，我知道你想按按钮，但没有按成。我感受到了你的沮丧和伤心。”当我们用自己的感性回应告诉孩子“我和你在一起”，这份理解和允许给予孩子的安定和平和，可以帮助孩子更快速地好起来。情绪好起来，好的沟通才有可能。

小练习

1.沟通有5个层次，从低到高分为打招呼、讲事实、说观点、谈感受和全然敞开。

你和孩子平时的沟通处于哪一层呢？写下你的答案：______

2.沟通5层次中，第一层和第二层的打招呼和讲事实属于沟通的安全区域；第三层说观点，沟通开始涉及当事人自己，当事人开始说“我认为”“我觉得”等表明个人立场的观点、想法或期待；第四层谈感受，表达自己的内心感受时，这意味着沟通进入比较高的层次，谈话人双方的关系非常亲密、非常安全；第五层全然敞开，沟通双方进入心与心的交流，双方可以碰触到彼此内心最柔软的部分。这时即便没有任何语言，一个眼神、一个动作，双方就可以瞬间读懂彼此。

思考一下你此刻想和孩子沟通的一件事情，用第四层“谈感受”的方式感性地和孩子沟通，试着把你想和孩子说的话写到下面的横线上。

3.感性回应的方式有很多，每个孩子的需求也各有不同。你知道孩子在有情绪时，最希望你用什么方式回应他吗？听听孩子的想法，并将它写到下面的横线上。

善用“趋利避害”，找到孩子在意的价值

很多时候，父母对孩子说了很多自认为很重要的话，孩子却置若罔闻，更不用说按照父母说的去做了，这时父母很可能是在“表达”上出现了问题。

著名心理学家弗洛伊德曾说，一个人做一件事情或者不做一件事情，只有两个动机，趋利或避害。父母在和孩子的沟通中，只有找到了孩子在意的“利”，用孩子在意的“利”去影响孩子，沟通效果才会事半功倍。在我的课程中，我把孩子在意的“利”称之为“价值”。

牛牛4岁时，我给他买了一架可上弦的小飞机。

小飞机刚拿回家，牛牛就迫不及待地在客厅里玩起来。每次飞机落在地上或桌上，都会发出很大的声响。正在收拾房间的我，

感觉到有些吵闹，希望小家伙能安静一会儿，下次到楼下玩。于是我一边收拾，一边对牛牛说："快别玩了，小心砸坏了桌上的水杯。"

我提醒了好几遍，牛牛却一副没有听见的样子，在他的玩具世界里尽情地玩着。

就在这时，孩子爸爸从卧室里走出来，看到牛牛在玩飞机，于是他轻描淡写地说："啊呀，妈妈给你买的这架小飞机真不错呀！不过，小心飞机撞到房顶，掉到地上就摔坏了。"这时，我留意到正蹲在地上取飞机的牛牛稍微停顿了一下，只见他眉头稍稍一皱，随即小心翼翼地收起小飞机，放回玩具盒，然后去做别的事情了。

那一刻，带着职业敏感，我开始思考，我和孩子爸爸说出的话有何不同？为什么同样是提醒对方不要在房间里玩飞机，我说了几遍孩子都没有反应，而孩子爸爸只是轻描淡写地说了一句话，立马就奏效了呢？

当我从弗洛伊德所说的趋利避害的角度去思考，我恍然大悟：我说的是"小心砸坏了桌上的水杯"，而孩子爸爸说的是"小心飞机撞到房顶，掉到地上就摔坏了"。我说的"水杯"是我在意的价值，而非孩子在意的。孩子爸爸说出的话之所以瞬间奏效，恰恰是因为他的表达抓住了孩子在意的"小飞机"。

生活中，时时处处都存在影响力的博弈。**我们和所有人的沟通，只有两种结果，要么我们影响对方，要么我们被对方影响。**在一件事情上，影响力大的人可以轻而易举地影响他人；但影响力不足的人费尽心力也不见得能影响对方。

在销售行为中，影响力的体现比较明显。销售员讲解产品的过程，就是给对方施加影响力的过程。回想过往你“被成交”的经历，过程中销售员会不会出现命令、强硬等态度？可能性不大。销售员大概率会讲产品的优越性，会讲创始人的故事等，如果对方的经验足够丰富，他可能还会在讲的过程中穿插发问，努力找到你在意的“价值”。如果这个销售员没有站在客户的角度，没有了解客户的想法，而只是自嗨式站在自己的角度说自己想说的，就很难出现好的销售结果。

回到亲子关系上，道理也一样。

作为父母，无论我们引导孩子做什么或者不做什么，重要的是我们要带着“销售”思维，在给予孩子充分尊重和分寸的同时，用自己的实力和能量对他施加影响力。我们已经不做孩子很多年，甚至已经忘了孩子在意的价值到底是什么，因此通过表达对孩子施加影响力的能力，还需要刻意练习。

如果你已经忘记孩童时代你最在意的是什么，那么当你静下来，观察孩子和孩子之间的互动，你会惊讶地发现，孩子甚至可以成为你刻意练习时的“老师”。

有一年，我和朋友带着孩子去山里玩，那会儿我的大儿子洋洋和朋友家的孩子昊昊都是7岁左右。

夏天的大山里，随处都有奔涌而出的涓涓溪流和能够戏水的小水塘，于是两个孩子玩起了水枪大战。玩到兴奋处，昊昊提议增加一些游戏道具，比如防护盾、护目镜、太阳镜等，说话的同时，昊昊开始如数家珍地拿出包里的各种道具，这时洋洋好奇地凑了上来。

见洋洋感兴趣，昊昊兴奋地戴上护目镜，举着手枪。这时，他建议洋洋戴上一个非常俏皮可爱的装饰物。这个装饰物上有个绿色的小灯，看上去像是夜光灯。洋洋大概是觉得不符合他的气质，对这个东西没太大兴趣。

昊昊建议了好几次，洋洋都没有选这个装饰物，但显然昊昊并没有泄气。

再后来，我听到昊昊说了一句话，然后洋洋快速地戴上了这个装饰物，并飞跑着重新开战。

我听到昊昊说："你戴上这个装饰物之后，它就可以生产阳光。有了阳光，你的攻击力和防御力会比我高一倍。"就是这句话，让洋洋马上接受了他的建议。

在连续几次建议洋洋戴上装饰物但没有成功的情况下，昊昊敏锐地找到了洋洋在意的"价值"，从而轻松地引导对方去自己想让对方去的方向。**生活中，我们总是"说"，但孩子总是"不听"，这背后恰恰是我们忽略了孩子在意的"价值"，只是不断地重复自己在意的"价值"。要实现有效沟通，很重要的一点就是找到孩子**

在意的“价值”，用孩子在意的“价值”去驱动他。

有一天，父母课堂的一位学员打来电话，投诉她一年级的女儿。

小希的班里最近要买一本家用练习册，她的妈妈作为发起人，帮助大家团购了该练习册。练习册到的当天，她在校门口给家长们发了下去，但有一位妈妈因为孩子上托管，没来现场。小希妈妈和对方商量好，由小希第二天带给对方的女儿。

第二天一早，妈妈嘱咐小希：“宝贝，你一定记得把练习册给同学，免得她晚上回家之后没法做作业。”小希信心满满地说：“好的，没问题。”

晚上，妈妈在帮小希检查作业时，发现女儿的书包里躺着那本没有送出去的练习册。妈妈瞬间特别恼火，她觉得自己已经和对方说好了，女儿竟然没给，这会让对方觉得自己很不靠谱，最重要的是会耽误孩子晚上用。

但事已至此，小希妈妈安慰自己说：“孩子小，忘了就忘了吧。我和人家解释一下，孩子忘了。明天一定给。”

早上，妈妈再次小心翼翼地将练习册放进小希的书包，认认真真地嘱咐小希千万要记得。小希拍着胸脯保证今天一定给同学。

忙了一天，小希妈妈刚到家，小希便紧张兮兮地跑上来抱住她：“妈妈，妈妈，对不起，实在对不起，我今天又忘了把练习册给我同学了。”

这时，小希妈妈勃然大怒，她使劲推开小希，大喊："你是不是猪脑子？就这么点事你都办不好！"她一边觉得自己不该发火，一边又无法控制自己的嘴……

小希妈妈平静之后，她再次给对方发了信息。尽管对方一直说没事没事，小希妈妈依然觉得这事情办得很不漂亮。她既愧疚冲女儿发火，又非常疑惑。就这么点事，为什么送了两天都没送出去？为什么自己一遍遍强调很重要，小希依然没有去做？

听完小希妈妈的苦恼，我给小希妈妈讲了"价值"这个概念。这时小希妈妈才发现，把练习册送出去对她是有价值的，但对孩子而言没有价值或者价值不高。当小希进入学校，来到小伙伴中间，她想的和做的都是她认为有"价值"的事情，这时她会很自然地忽略送练习册这件事。

了解了"价值"这个概念后，小希妈妈当晚和小希约定，如果第二天把练习册带给同学，晚上就陪小希看投屏电影。这可是小希一直以来的愿望，平时爸爸妈妈太忙，一直没能满足小希。因为惦记着晚上看投屏电影，小希刚进教室就连忙把练习册给了同学。

很多时候，父母无意识地和孩子说了很多话，比如：你要好好学习啊，这样长大了才有好的生活；你要有礼貌，别人才会喜欢你；你要懂得和别人分享，这样才是大方的人；等等。这都是在表达我们在意的"价值"，却不见得是孩子在意的"价值"。这也是我们总是说，孩子总是不听的一个很重要的原因。

每个孩子都不一样，每个孩子在意的“价值”也不一样，甚至同一个孩子在不同年龄段，在意的“价值”也不一样。父母唯有认真观察孩子，走进孩子的心，找到孩子在意的“价值”，并用孩子在意的“价值”去驱动他，我们才更容易在沟通中对孩子施加影响力。

小练习

1.心理学家弗洛伊德曾说，一个人做一件事情或者不做一件事情，只有两个动机，趋利或避害。如果我们经常使用“害”来恐吓、吓唬、威胁孩子，让他去做某件事或者不做某件事，孩子长期处于紧张和害怕中，对于孩子的自信和状态都是极具伤害性的。回想你曾经用过哪些伤害性的表达，将你想到的写到下面的横线上。

2.为了更好地对孩子施加影响力，我们要找到孩子在意的“价值”，以此去驱动孩子。孩子在意的“价值”有好玩、变化、节奏快、有神秘感、有挑战、很刺激、意想不到、能得到肯定等。每个孩子在意的“价值”是不同的，你的孩子在意的“价值”有哪些呢？

3.在沟通中，你是否在用孩子在意的“价值”驱动他呢？思考这个问题时，或许你发现，你其实也在用这个技能，只是你没有意识到而已。回想你和孩子特别成功的一次沟通，当时你找到了孩子在意的哪个“价值”呢？接下来你会如何有意识地使用“价值”驱动呢？

父母要说“你想要的”，而不是“你担心的”

“1小时就能搞定的作业，拖到晚上10点还在磨蹭。”

“严重的起床困难症，不生拉硬拽，都下不来床！”

“一会儿喝水吃东西，一会儿上厕所。看电视时可以几小时一动不动，一做作业就如坐针毡。”

“如果写完作业就可以玩游戏，分分钟就把作业搞定。一旦没了游戏的诱惑，便迟迟不肯动笔。”

……

我想，上面的场景对于有上学娃的家庭来说并不陌生。看到孩子磨磨蹭蹭，我们往往会说：“都几点了，快别磨蹭了！”但无论我们重复了多少遍，第二天同样的“磨蹭”情景依然会上演。“别磨蹭了”就像一个魔咒一样挥之不去。除了说“别磨蹭了”，父母还常常对孩子说“别吃冰激凌”“别和同学闹矛盾”“千万不要乱跑、乱跳”“上台别紧张”……

你会发现这些语言有个共同特点，那就是句子中都藏着一个“不”或者“别”。“不语言”在我们的表达中出现的频次太高，也是导致我们总是说，孩子总是不听的一个重要原因。

那么，当我们说“不语言”的时候，我们的大脑在经历着什么呢？

人类的大脑经过上万年的进化，复杂而精密，但它有个很重要的特点，就是听不懂“不语言”。此刻，不妨放下你手中的书，我们一起做个小互动：请慢慢地闭上眼睛，深深地做一次深呼吸。是的，深深地做一次深呼吸，你能感觉到你的身体越来越放松。带着这份放松，我请你不要想一头粉色的大象。是的，千万不要想一头粉色的大象。是的，千万千万不要想一头粉色的大象。

请注意，此刻发生了什么呢？你的脑子里出现了什么呢？

每次线下课上，父母们做这个互动的时候，大家都会闭着眼睛，一边做练习，一边笑着说：“天哪，满脑子都是粉色的大象。”我想，只要听的人没有走神，他的大脑里就只剩下一头晃来晃去的粉色大象了。尽管意识接收的信号是不要想，但我们会忍不住去想，这就是潜意识的一个重要特点，它无法读懂“不语言”。

正因为潜意识听不懂“不”“别”等否定词，我们说出的“不语言”又在孩子的脑海中不断闪现，当孩子的大脑不断被刺激，时间久了，就像电影脚本一样固定下来，从而让孩子进入这种“魔咒”中。你会发现，天天在念叨“别磨蹭了”的父母，总会有个一直“在磨蹭”的孩子。因为孩子一天到晚听到的是磨蹭、磨蹭、磨蹭。久而久之，磨蹭就成了孩子生活的常态。

可问题是，我们真的希望孩子磨蹭吗？

当然不是！

对孩子说“不要磨蹭”时，我们是期待孩子能准时完成作业的。既然潜意识听不懂“不语言”，我们就要尝试改变自己的语言结构。比如，和孩子讲话之前先问自己，我们内心真正想表达的是什么？我希望孩子去做的是什么？比如，把“别走神”替换为“注意力集中在做题上”，把“不要马虎”替换为“做完题后认真检查”，等等。**不管是表达出来的，还是内心所想的，我们都要有意识地去修改我们的“不语言”，用正向语言表达自己的想法。**但作为成人的我们已经有了多年的固有模式，当我们去改变时，会碰到一些阻力或者有意想不到的事情发生。

有一年暑假，我的一位学员和她的爱人带着5岁的双胞胎女儿安安和静静去旅行。

当时，她刚学完“设定意愿”这节课。上课时我提醒父母，在和孩子相处时，要明确自己的目标，并善于设定意愿，这样生活就可以朝着我们希望的方向发展。

一周后，这位学员回到了课堂。她迫不及待地和大家分享自己的践行心得。她说：“我用了设定意愿，但我觉得不太好用啊。旅途中我一直在设定意愿，但我的意愿一直都没有达成。”

看着她满脸的疲惫和沮丧，大家都好奇地听她继续分享，她到底设定了什么意愿？又为什么没有达成？

在大家期待的眼神里，她沮丧地说：“出发前，我就不断地对自己说，希望两个孩子在旅行中别打架。可我默念了一路，她们俩打了一路的架。”现场的父母们笑得前仰后合，而她却一脸的疑惑。后来大家才意识到，讲“不语言”那节课时，她恰好请假。

这个小插曲，成为我们父母课堂上多年来的一个“梗”。这也让大家形象地看到，不管是说出的话还是心里想达成的意愿，我们都要有意识地用正面语言来替代“不语言”。

用正面语言来替代“不语言”，说起来容易，做起来却并非易事。当你去留意我们的语言，你会发现“不语言”随时随地都在发生，甚至有的父母还会正话反说，这就让听到的孩子更加无所适从，不清楚父母到底想表达什么，想让他做些什么。

有一次，在“生命动力”特训营中，一位六年级的小男孩和助教老师哭诉说：“我现在一听到妈妈开口说话，就想捂住耳朵。”原来，这位妈妈经常和孩子说的话是：“我和你说了多少遍，不要玩游戏！”“又那么晚回家，以后不准那么晚回家！”“别给我顶嘴，你翅膀硬了？”“就你这个样，还能考上好高中？”……

你会发现，这位妈妈的表达，要么是“不语言”，要么是正话反说。这样的表达方式不但扰乱了孩子的思维，更让孩子无所适从。就像上面做的“你不要想一头粉色的大象”一样，越是不让想，越是拼命在想。

这让我想起我和两个孩子的一次互动。

有天晚上加班回到家，我有点累了，于是躺在沙发上休息。

这时，两个孩子在客厅里很兴奋地蹦来蹦去，我希望他们能马上安静下来。于是我想都没想就对他们说：“你们快别蹦了。”结果，两个小家伙依然像小猴子一样上蹿下跳。于是，我又说：“都多晚了，你们得蹦到天亮？”说完这句话，我自己都忍不住笑了。我意识到我的语言出了问题，这时我默默地对自己说：“你看，旧语言模式又出来了吧？”

想到这里，我调整了自己，对孩子说：“来，你俩过来一下，让妈妈抱一下。”上一秒还在欢蹦乱跳的两只小猴子瞬间来到了我身边。拥抱时，我对他们说：“我现在想安静一会儿，要是谁能给我倒杯水，我就太幸福了。”两个小家伙瞬间把视线转移到了水杯上，一个倒水，另一个在一旁看着，表示自己有所贡献。

看着两个孩子喜滋滋倒水的样子，我想，每个孩子都希望为父母做点什么，但因为我们表达不清，或者没有意识到在用旧模式表达，结果说了很多无效的语言，孩子根本就没有听进去。这时我们还会迁怒于孩子，认为孩子不听话，却没有意识到问题的根源是我们的语言结构出了问题。

我们固有的语言模式十分强大，一不小心我们就会轻车熟路地进入固有的旧模式。**我们可以给大脑设置一个关键词检索机制，只要听到“不语言”，马上启动阻断机制。**阻断机制的启动速度取决于觉察的速度。不管是后知后觉也好，先知先觉也好，只要我们带着觉察，我们就有机会检索到“不语言”，也就能快速地调整自己的语言结构，说出我们真正想要的。

小练习

1.你习惯性说的“不语言”有哪些呢？找到并将它们写在下面的横线上。

2.结合问题1中找到的“不语言”，把它替换成正面语言。你会如何表达呢？将正面表达写到下面的横线上，并分享给孩子和爱人。

3.你的语言在创造着自己的世界。我们的语言，不管是说出口的，还是头脑里想到的，都在影响着我们的生活。此刻，给自己写下一段话，和过去的“不语言”说再见吧。

此刻，你最想对自己说什么呢？

练习“我语言”，做温暖的“录像机父母”

当看到孩子有问题，父母恨不得马上纠正。比如，看到孩子的学习桌上乱成一团，我们会说“跟你说了多少遍，你总是把房间弄得乱七八糟！”；又比如，孩子黏着我们陪他玩游戏，我们会说“你怎么总这么黏人！”；再比如，看到孩子玩手机，我们会说“你看看你，一天到晚总是玩手机！”；等等。

我想，父母们对上面这类“你语言”句式一定不会陌生。有可能生活中的你在用这种句式指责孩子，或者小时候的你也曾被父母用这样的句式指责过。

“句式”在传递信息中起了至关重要的作用，它可以帮助人们快速地捕捉关键信息。有些“句式”听起来让人感觉很舒服，这时听者的焦点会放在对方所说的内容上。而有些“句式”一开口就让人感觉很烦躁，这时听者会把注意力放在对方的情绪上。“你语言”句式属于后者，一旦我们频繁地使用“你语言”，听者会自动过滤掉我们所说的内容信息，而第一时间接收到我们强烈的情绪。

所有人的大脑都不喜欢接收“你语言”，不管是大人还是孩子。**在亲子沟通中，父母都希望孩子能变得更好，却选择了让孩子感觉糟糕的句式。**“你语言”句式到底是怎样的句式呢?“你语言”句式指的是说话中常以“你”开头或者说话内容以“你”为重点的句式，常见的表达方式有3类：

命令类——“你赶紧关掉电视，睡觉去！”

说教类——“你只有好好学习，才可能有出路！”

警示类——“如果下次你再忘记写作业，就别怪我不客气了！”

父母在使用“你语言”时，会带着浓厚的主观评判色彩，再加上父母在说话中传达出的高高在上的压迫感，会引起孩子强烈的反感和叛逆。**经常暴露在“你语言”下的孩子，情绪会长期处于紧张、焦虑、自卑中，很难和父母有顺畅的沟通。**

大琳是一位初一女生的妈妈。

学农回来后，大琳发现女儿越来越爱唱反调了。到了写作业的时间，任凭大琳怎么提醒，孩子就是不肯做，直到拖到不能再拖，才极不情愿地开始写作业。

连着一周，女儿的作业都写得一塌糊涂。班主任也联系大琳，让她关注孩子的状态。

这天晚上，女儿8点才开始写作业，写到11点钟还没有写完。看着哈欠连连的女儿，大琳气不打一处来，她训斥女儿说：“你是存心想气死我，是吧？学习是为你自己学的，你天天这样折腾对自己有什么好处？你看看你整天……”

大琳话还没说完，女儿嘟囔着说：“我不用看我也知道我什么样，我就这样。天天‘你看看，你看看’，我现在听到你这样说话就想发疯！”

“女儿竟然敢这样和自己说话？”带着各种不解、烦躁、焦虑等情绪，大琳开始了父母课程的学习。这天，我们讲到了“你语言”和“我语言”。

角色扮演环节，我邀请大琳扮演“孩子”，另外两位学员扮演大琳的“妈妈”。“孩子”不需要说话，只需要闭上眼睛静静地听两位“妈妈”说话。

第一位妈妈扮演者这样对“孩子”说：

你怎么又不换衣服就上床！

你又和同学打架，你太让我失望了！

回来得这么晚，你难道不知道打个电话？

说了多少遍，你怎么又没有把自己的碗放到洗碗池里去！

你看看你的试卷，写得乱七八糟！考这点分数，你对得起我天天给你做饭？

紧接着，第二位妈妈扮演者这样对“孩子”说：

我看到你穿着外面的衣服躺在了床上。

我听说你在学校和同学发生了矛盾，我有些紧张和担心。

我看到你晚上11点才回家，我很担心你的安全。下次再有这样的情况，我希望你能提前给我打个电话。

我看到你吃完饭之后把碗筷留在了桌子上。

我看到你这次的数学测试考了83分，共错了8道题。

练习结束，“孩子”开始分享她听到这两组语言后的感受。还没有开口，大琳就流下愧疚的眼泪。她说，刚开始她听到第一位“妈妈”说出这样的话时，她感觉非常紧张，再后来开始愤怒，后面她已经烦躁地听不清对方在说什么，再到后面她甚至开始麻木……

形成鲜明对比的是，当她听到第二位“妈妈”说出的话，她能感受到“妈妈”的情绪十分平和。“妈妈”说话时，就好像在给她回看一段录像，她甚至能透过“妈妈”的描述，清楚地看到自己在做什么。一边看，一边还在思考接下来应该如何调整自己。

与第一位“妈妈”所说的“你语言”相对应，第二位“妈妈”说出的句式，我们称之为“我语言”。让大琳惊讶的是，女儿一直是在指责和抱怨的“你语言”中长大的，自己却从来没有意识到。而女儿的情绪就在大琳高频地使用“你语言”的过程中累积下来，这也是为什么女儿听到她一开口就会觉得厌烦。

作为父母，当我们在孩子小的时候就有意识地练习“我语言”，可以避免给孩子造成情绪积压，从而防患于未然。一位学员妈妈曾和我分享过她和2岁女儿之间“我语言”的故事。到今天，我依然能清晰地记得她和我分享时的喜悦。

原来，2岁的小家伙每次吃饭时，总是悄悄地把小脚丫放到餐桌上。起初，妈妈会耐心地给孩子解释，这样做不卫生、不礼貌。

但妈妈越是关注，小家伙就越是觉得好玩，无论妈妈怎么讲道理她都不听。后来妈妈就开始“威胁”孩子，警告她如果再将脚伸到餐桌上，就打她的小脚丫。

小家伙大概也知道温柔的妈妈不舍得打她，几次“威胁”之后，她依然我行我素。

这天，在学习了“我语言”之后，妈妈看见女儿又把脚伸到了桌面上。

她调整了一下自己烦乱的情绪，轻声说：“我看到一只嫩嫩的小脚丫慢慢地从餐椅移动到了桌面上。”没等妈妈说完，小家伙“嗖”地把脚缩了回去。

妈妈心里暗喜，但她假装没看到孩子好奇的小眼神，继续慢慢地说：“今天的午餐有西蓝花、黄瓜、鸡蛋还有面条，来，我们先尝尝香香的西蓝花。”

这时，小家伙已经喜滋滋地张望着桌上的饭菜，早就忘了脚的事。

孩子在越小的时候接触“我语言”，就越容易拥有平和的情绪，更不会有负面情绪的累积。另外，孩子也在耳濡目染中学会了“我语言”，并将“我语言”固定为自己的习惯性语言，节约了需要花大力气去改变“你语言”的时间。

“我语言”中的“我看到……”“我听到……”“我感觉到……”，好比一个隔离带，把我们自己的主观想法放在了心里，只是客观地表述自己的所见、所听、所感。这时，我们在给予孩子空间的同时，也让孩子感受到满满的信任感。“我语言”本身并不能解决实际问题，但“我语言”可以让我们和孩子的沟通顺利地进行下去。

小练习

1.你经常对孩子说的“你语言”有哪些呢？试着写在下面的横线上。

2.试着把问题1中你找到的“你语言”替换为“我语言”，并写在下面的横线上。

3.很多父母学习了“我语言”之后，往往会在孩子表现不好的时候才突然想起“我语言”。又因为并不熟悉“我语言”的句式，所以用得磕磕绊绊。几次之后，“我语言”就和负面情绪挂钩了，给孩子造成一种错觉，只要听到“我看到……”“我听到……”就没有好事情发生。这时，孩子不但不会学习这种句式，还会产生反感。

基于以上很多父母踩过的坑，我建议大家在使用“我语言”

时，要从表达孩子的优点开始，在鼓励孩子的过程中熟练掌握“我语言”。

比如，看到孩子在扫地，我们可以说：“我看到你把房间地面打扫得干干净净。”回忆一天中你看到的孩子的优点，用“我语言”表达出来吧！试着在下面的横线上写下你的思路。

父母善用隐喻，用“小故事”唤醒“大道理”

卢梭曾说，这个世界上最没用的三种教育办法是发火、讲道理、强制感动。在成为父母之后，你有没有发现在给孩子讲道理这件事上，我们几乎可以无师自通？我们会抓住一切可以教育孩子的机会，分分钟给孩子讲出一箩筐道理。对孩子来说，说教式教育只会在孩子的头脑中停留一小会儿，转身就会忘得一干二净。**父母习惯性地讲道理，孩子要么麻木地免疫，要么愤怒地叛逆。**

讲道理之所以无效，是因为孩子的思维方式和心理结构与成人完全不同，孩子很难理解抽象的逻辑和概念化的道理，却非常容易把握形象的象征和隐喻。因此，在和孩子的沟通中，与其给孩子讲道理，不如给孩子讲个好故事。

在使用隐喻讲故事这方面，陶行知先生是绝对的专家。

据说有一次，陶行知先生在大学演讲。走上讲台后，只见他不慌不忙地从箱子里拿出一只大公鸡。

台下的听众全愣住了，不知陶先生要干什么。

这时，陶先生又从箱子里掏出一把米放在桌上，然后按住公鸡的头，强迫它吃米。可是大公鸡只叫不吃。他使劲掰开公鸡的嘴，把米硬往鸡的嘴里塞。大公鸡拼命挣扎，还是不肯吃。

陶先生轻轻地松开手，把鸡放在桌子上，自己往后退了几步，这时大公鸡拍打了两下翅膀，自己开始吃起来。

这时陶先生开始演讲："我认为，教育就像喂鸡一样。先生强迫学生去学习，把知识硬灌给他，他是不情愿的。即使学也是食而不化，过不了多久，他还是会把知识还给先生的。但是如果让他自由地学习，充分发挥他的主观能动性，那效果一定好得多！"

一时间，台下掌声雷动，为陶先生形象的隐喻拍案叫好。

试想，如果陶行知先生当时采取的不是隐喻故事，而是用讲道理的形式，能深刻记住并广泛传颂这个教育观点的人又有多少呢？一个好故事，不但可以意味深长地讲明白一个朴素的道理，更可以给予对方充分的思考空间。

大家可能听说过一个关于老太太和两个儿子的故事。

老太太的大儿子是晒盐的，小儿子是卖雨伞的。

两个儿子都有自己的工作，老太太本来应该高兴才对。可是，她整天都闷闷不乐。天晴的时候，她担心小儿子的雨伞卖不出去，下雨天她又担心大儿子晒不成盐。

有人对老太太说：“您应该每天开心才是啊！天晴的时候您就想想大儿子，为大儿子高兴，他可以晒盐了；下雨的时候您就想想小儿子，为小儿子高兴，他可以卖伞了。”

从那以后，不管天晴还是下雨，老太太每天都乐呵呵的。

这个故事，我会在线下训练营中讲到乐观思维时讲给孩子们听。让孩子们看到，对同一个问题，看法不同，我们的情绪也会不同，由此引出埃利斯的ABC合理情绪疗法。让孩子们看到，我们可以通过改变对事情的看法来改变我们的情绪。

故事结束时，我会问孩子们：“你愿意做一个乐观思维的人，还是悲观思维的人呢？你是愿意做原来的老太太，还是做改变了想法之后的老太太呢？”这时，孩子就会陷入深深的思考中，而乐观思维的种子也在那一刻种进孩子的心里。

隐喻故事最大的好处是可以绕过意识，直接进入人的潜意识。相比空洞的大道理，故事更容易理解且让孩子印象深刻。父母在和孩子沟通无果的情况下，不如试着给孩子讲个小故事。

小臻是一名小学四年级的女生。

前几天，她的小兔子在夜里被别的动物咬伤去世了。小臻非常愧疚，她觉得是因为自己太粗心，忘记把小兔子带回房间，才让小兔子失去了生命。

怀着对小兔子离去的愧疚、伤心和难过，连着几天，她上学都无精打采，回到家作业也不愿意做。几天过去了，小臻不但没有从小兔子离开的悲伤中恢复过来，反而因为自己每天做作业的效率极低而对自己产生了愤怒。

看到孩子的状态，妈妈十分着急。她尝试用各种方法帮助孩子好起来，一会儿着急地对孩子说："别难过了，人都有生死，更何况小兔子呢。"一会儿又心疼地对孩子说："如果你喜欢，我们再养一只。"

可是，无论妈妈怎么安慰，小臻一直无法恢复到原来开心的状态。

周六晚上，小臻来参加阳光少年俱乐部，那天课程的主题是"没有负面情绪，世界会怎样"。

正式上课前，我引导孩子们去回忆一周里让自己印象最深的一件事，并说说这件事让自己产生了什么样的情绪。孩子们七嘴八舌地开始分享，小臻分享了小兔子去世的事情。

虽然这件事已经过去了四五天，看得出小臻依然很难过。我发现，小臻的情绪中有小兔子去世引起的悲伤和难过，还有一部分情绪是她不接受自己有情绪而引起的烦躁。她的头脑中同时有两个声音，一个是"小兔子去世了，我很难过"，另一个声音是"小兔子去世了，有什么好难过的！搞得自己都无法好好学习了，至于吗？”。

有情绪不是问题，不接受自己有情绪才是问题。在把这个观点抛给孩子们之前，我问了一个问题：“我们常说自己有情绪了，更多指的是有负面情绪。相对那些让我们开心的正面情绪，似乎我们并不喜欢负面情绪，因此我们很难接受自己有情绪。如果没有负面情绪，世界会是什么样子呢？”

看孩子们进入了思考状态，我接着说：“下面我们一起听个小故事，故事的名字叫‘开心岛和情绪岛’。”

在浩瀚的宇宙中，有两个神奇的小岛，一个叫开心岛，一个叫情绪岛。

开心岛的居民每天都过得非常开心，他们只有一种情绪，叫开心；而情绪岛的居民每天都经历着各种各样复杂的情绪：兴奋的、喜悦的、甜蜜的、舒畅的、生气的、愤怒的、悲伤的、难过的、沮丧的、害怕的……

这时，我问：“如果要选择一个小岛来生活，你们会选择哪个小岛呢？”

大部分孩子大喊着：“我要天天开心，我要去开心岛！”一部分孩子好奇地看着我，似乎他们觉得这个问题没那么简单。

我继续讲后面的故事。

这天，一批强盗兵分两路，同时进攻开心岛和情绪岛。

开心岛的居民看到强盗们手持长矛冲向他们，依然在岛上开心地走来走去。又因为他们脸上全是开心的表情，其他的同伴感受不到危险，大量居民因此失去生命。强盗们掠走了开心岛大量的粮食、衣物及其他物资。

情绪岛的居民看到凶恶的强盗后，身强力壮的居民愤怒地抗击，老弱病残的居民在紧张和恐惧中赶紧躲起来。在居民的共同努力下，强盗不但没有抢走大家的东西，反而伤亡惨重。

故事讲到这里，我问孩子们："听到这里，大家想去开心岛，还是想去情绪岛呢？"

孩子们若有所思。

这时，我总结说："负面情绪其实是潜意识对我们的提醒，提醒我们需要调整自己了。负面情绪是我们的好朋友，所以下一次当负面情绪来临，请像欢迎好朋友一样欢迎它，并思考它到底在提醒我们什么。当我们找到它要提醒我们的事，并做出调整，我们就在负面情绪的帮助下得到了进步和提高。"

在孩子们的自我总结环节，我看到他们写下了这样的文字：**情绪没有好坏，所有情绪都是我们身体的一部分；我们应该享受自己的情绪，不管是正面的还是负面的；**如果我们只有开心一种情绪，我们随时都有可能处于危险中；**当负面情绪来了的时候，我们不要抗拒它，而是要像欢迎朋友一样欢迎它……**

我看到小臻写的是：我的小兔子走了，我再也见不到它了。我很难过，也很愧疚。我的难过和愧疚是在提醒我，以后不要粗心，照顾小动物时要更细心一些。

我们更喜欢相信自己感悟并总结出来的属于自己的“真理”。孩子在故事中总结出来的对情绪的理解，才是他们相信的“真理”，而只有他们相信了，才会在生活中毫无阻碍地践行。

讲故事之所以能有效降低听者的抗拒，恰恰是因为它绕过了意识，直达我们的潜意识。如果说讲道理就像陶行知先生按住公鸡的头，强迫它吃米一样，那么讲故事就好比我们允许鸡自由自在地吃米。第一种状态下，鸡是被动的，并且容易出现负面影响。第二种状态下，鸡是主动的，我们只需要一点耐心和时间。一旦它开始吃米，这时它吃进去的米对它才有营养，也才能真正地滋养它的生命。

教育是一件发乎心的大事，隐喻故事不仅让教育本身变得轻松，更是对孩子心灵的一种滋养。当我们和孩子的沟通无效，不妨停下来为孩子量身打造一个小故事。这个故事可以是名人故事，可以是哲理故事，甚至可以是自己或周围朋友的故事。当我们给予孩子时间，让孩子在故事中自我感悟，我相信，这个朴素的“小故事”一定可以唤醒属于他自己的“大道理”。

小练习

1.从小到大，对你影响最大的一个故事是什么？试着记录在下面的横线上。

2.把“开心岛和情绪岛”的故事分享给你的孩子，并试着让孩子说说他对故事的思考。

3.除了文中“开心岛和情绪岛”的故事，我们还可以借助图书帮孩子更好地了解情绪和认识情绪。你知道哪些关于情绪认知的故事呢？把想到的故事写到下面的横线上。